섬으로 간 전쟁,
섬에서 만난 평화

섬으로 간 전쟁, 섬에서 만난 평화

김진환 지음

통일부
국립통일교육원

내게로 오실 때는 뱃길로 오시어요
느닷없이 다리 놓아 쌩쌩 오지 말구요
천천히 노 저어 오던 그 다정으로 오셔요
― 김소해, 「섬」

출근길 지하철역 플랫폼 안전문에서 이 시를 만나자마자
섬에 살짝 미안했다. 이 책을 쓰기 위해 한창 섬 답사를 다닐
때였는데, 육지와 섬을 연결한 다리, 섬끼리 연결한 다리 덕
을 꽤 보고 있었기 때문이다. 뱃길로 가더라도 당연히 〈노
저어〉 가지는 않았으니 섬이 보기엔 이래저래 다정하지 못
한 방문이었다.

  그래서 더욱 다짐했던 것 같다. 바쁜 현대 사회에서 이런
저런 일들에 치여 살다 보니 비록 몸은 가능한 〈쌩쌩〉 섬으

로 찾아가지만, 섬에 머무는 동안 섬이 내게 들려주는 이야기만큼은 천천히 새겨 사람들에게 다정으로 들려주자고. 이 책은 그렇게 만난 섬들에서 보고, 듣고, 새긴, 섬이 겪은 전쟁, 섬이 꿈꾸는 평화 이야기다.

제국주의, 한국 전쟁, 분단 폭력은 19세기 후반 이후 한반도 사람들에게 고통과 상처를 주었고, 지금도 상처를 입히고 있는 세 차원의 대표적 폭력이다. 한반도 군사분계선 이남 지역이 〈섬 아닌 섬〉이 된 것, 달리 말해 한반도 군사분계선 이남 지역에서 배와 비행기가 아니면 유라시아 대륙으로 가지 못하는 것도 바로 세 차원의 폭력 때문이다.

이러한 다차원의 폭력이 남긴 고통과 상처의 흔적, 그리고 평화와 통일을 진전시키려는 의지와 바람 등은 육지뿐 아니라 당연히 〈섬 아닌 섬〉이 품은 섬들에서도 확인할 수 있다. 하지만 섬의 별나고 맛난 먹거리, 멋진 풍경, 토속적인 풍습, 〈제주 올레〉 같은 옛길 등에 대한 대중적 관심에 비해, 섬에 새겨진 근현대사 흔적 찾기는 아직도 일부 사람들만의 관심사다. 그렇기에 섬으로 간 전쟁, 섬이 꿈꾸는 평화를 확인하기 위해서는 먼저 섬에 말을 건넸던 이들의 훌륭한 안내가 필요하다.

나의 섬 평화 답사 역시 섬이 들려주는 이야기에 먼저 귀

기울였던 이들 덕분에 가능했다. 답사는 2022년 6월 초 남해 섬들에서 시작해 11월 중순 연평도에서 마무리했는데, 만약 답사 선배들이 남겨 놓은 책과 사진 같은 발자국이 없었다면 이리저리 헤맸을 것이다. 잘 먹고 잘 쉴 수 있도록 먹을 것과 잘 곳을 추천해 주고, 많은 곳을 보여 주고, 많은 사연을 들려준 섬 사람들도 이 책의 일등 공신이다. 이 모든 이의 열정과 소망이 온전히 독자들에게 가닿지 못한다면, 그건 전적으로 나의 부족함 때문이다.

차례

1장

가덕도: 일제가 일찌감치 점찍은 남해의 요새

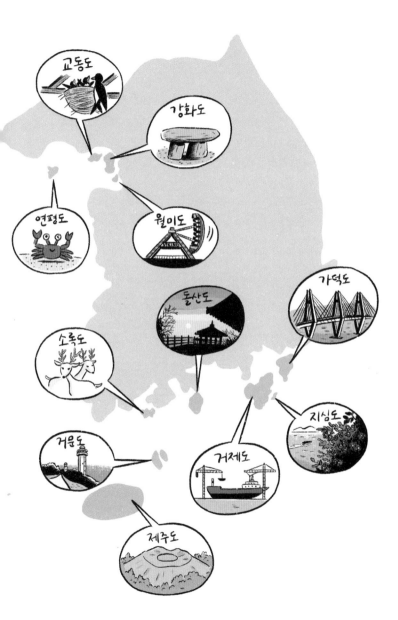

2022년 6월 12일 저녁에 나는 거제도 한 호텔에 있었다. 암태도에서 시작해 남해를 횡단하며 6박 7일 일정으로 다닌 섬 답사 마지막 날 저녁, 숙소에 도착한 나는 물에 젖은 솜처럼 지쳐 있었다. 착한 가격과 오랜 인테리어가 주는 편안함, 무엇보다 욕조까지 겸비한 그곳에서 반신욕으로 피로를 풀다 보니 슬슬 꾀가 나기 시작했다.

본래 계획은 다음 날 아침 일찍 부산으로 출발해 자갈치 시장과 영도다리를 거쳐 〈흰여울마을〉에서 한국 전쟁 피란민의 생활과 애환을 알아본 뒤, 서울로 오는 것이었다. 그런데 몸이 잠깐 편해지니 다음 날 거제도에서 느지막이 출발해 서울로 가고픈 생각이 일어났다. 〈영도는 부산에 강의하러 올 때 겸사겸사 돌아보면 되지 않을까?〉

그래도 기왕에 길을 나섰으니 계획대로 답사를 마무리하

자며 마음을 다잡고, 인터넷에서 부산으로 가는 길을 확인하던 중 가덕도와 운명처럼 만났다. 솔직히 그전까지 가덕도는 영남권 신공항 예정지 정도로만 알고 있었지, 그 섬에 전쟁과 관련해 어떤 사연이 새겨져 있는지 아는 바 없었다. 결과적으로, 나는 다음 날 답사지로 영도 대신 가덕도를 택했고, 그 덕분에 남해 섬들이 겪은 전쟁의 실체에 좀 더 가까이 다가갈 수 있었다.

러시아 해군을 겨냥한 유탄포

가덕도는 부산 강서구에서 출발하면 가덕 대교와 눌차 대교를 차례로 건너 바로 도착할 수 있고, 거제도에서 출발하면 2010년 완공된 거가 대교를 통해 다다를 수 있다. 거가 대교는 거제도에서 저도를 거쳐 중죽도까지는 사장교와 육상 터널 등으로 이루어져 있고, 중죽도부터 가덕도까지는 우리나라 첫 번째 해저 침매 터널인 〈가덕 해저 터널〉 구간이다. 거제도 숙소에서 목적지인 가덕도 외양포까지는 자동차로 40분 정도 걸렸다.

해저 터널을 빠져나와 가덕 톨게이트를 지나자마자 오른쪽 길로 빠지면 가덕도 남쪽으로 갈 수 있는 도로가 나타난다. 그 도로를 달리다가 처음 만나는 회전 교차로에서

9시 방향 출구로 나가면 새바지, 3시 방향 출구로 나가면 대항, 그리고 12시 방향으로 직진하면 오늘의 첫 답사지 외양포다.

외양포에 거의 다다르자 외양포항과 마을이 한눈에 내려다보이는 〈외양포 전망대〉가 나타났다. 주차장이 넓고 깨끗해 그곳에 차를 댔는데, 지금 생각해 봐도 외양포 답사를 전망대에서 시작한 건 괜찮은 선택이었던 것 같다. 마을 위쪽에서 해안으로 내려가는 동선이 일제가 러일 전쟁 시기 외양포 곳곳에 구축한 각종 군사 시설을 돌아보는 데 꽤 효과적이었기 때문이다.

외양포 전망대에서 2백 미터 정도 마을 쪽으로 걸어 내려가니 외벽에 〈역사의 시간에 머물다〉라는 문구가 새겨진 외양포 포진지 역사 안내소가 나왔고, 안내소 바로 앞에 일본군 화장실 터가 있었다. 그러니까, 지금도 민망함을 가려 줄 칸막이만 치면 사용할 수 있을 정도로 견고하게 만들어진 1백 년도 더 된 화장실이 바로 내가 그날 처음 만난 일제 군사 시설이다!

화장실 터를 지나 안쪽으로 들어가자 잘 보존된 대규모 포진지가 나타났다. 며칠 전 찾아갔던 돌산도, 거문도의 일제 군사 시설에 비하면 보존 상태가 비교할 수 없이 좋았고,

규모 역시 전날 답사했던 지심도 포진지보다 훨씬 컸다. 왜 일제는 이처럼 가덕도 요새화에 공을 들였을까? 해답은 지도에 나와 있다.

남해 지도를 보면 가덕도는 부산항과 진해항 사이 바다에 있다. 곧 가덕도는 어떤 배가 남쪽에서 올라와 부산으로 가든 진해로 가든 지켜볼 수 있고 군사적으로 대응할 수 있는 요충지다. 특히 진해항은 일제가 러일 전쟁 개전 전부터 해군 근거지로 점찍은 곳이다. 뤼순과 블라디보스토크로 나누어진 러시아 군항을 연결하는 최단 항로가 바로 대한해협이었기 때문이다. 일제는 러일 전쟁 개전(1904년 2월 8일) 직후 대한 제국을 강박해 한일 의정서를 체결하면서 〈군략상 필요한 지점을 임기 수용할 수 있다〉(제4조)는 조항을 집어넣었고, 이 조항에 따라 그해 8월 원산 앞바다인 영흥만과 함께 진해만을 군용지로 수용했다.[1]

현지 안내문에 따르면 외양포 포진지 공사는 군용지 수용 4개월 만인 12월에 거의 완료됐는데, 그즈음 중대급 포병대가 주둔하기 시작해, 1905년 5월 7일에는 〈진해만 요새 사령부〉가 이곳으로 옮겨 와 대대급으로 규모가 확대됐다

1   이지영, 「한말 일제의 대륙 진출과 부산 및 진해만의 요새화」, 『향도부산』 제44호(2022): 4~5.

고 한다. 현재 포진지 인근에 세워져 있는 〈사령부발상지지(司令部發祥之地)〉 비문(1936년 6월 건립)에도 1905년 4월 21일에 부대 편성 명령이 내려지고, 편성된 부대가 같은 해 5월 7일 외양포에 상륙했다고 적혀 있다.

외양포 포진지에는 엄폐 막사 2개, 탄약고 3개, 그리고 탄약고 사이에 2개씩 총 6개의 포좌가 남아 있다. 일제는 각 포좌에 280밀리미터 유탄포를 설치했고, 막사와 탄약고는 상부에 대나무와 잔디 등을 심어 은폐했다. 280밀리미터 유탄포는 러일 전쟁 초기 일본이 러시아 요새였던 뤼순항을 점령하는 데 결정적 역할을 한 대형 무기로, 최대 사정거리는 7.8킬로미터, 포탄 무게는 무려 217킬로그램이라고 한다. 외양포를 둘러싼 국수봉 일대에는 일제가 러시아 함대의 움직임을 관측·계산하기 위해 설치한 관측소, 러시아군의 상륙에 대비한 산악 보루, 화약고 등도 있다.

포진지를 뒤로하고 마을로 내려가면 사령부가 주둔했던 마을답게 다양한 군사 시설이 남아 있다. 먼저 부대 식수원으로 사용된 우물 터를 세 곳 정도 볼 수 있는데, 비가 들어가지 않도록 지붕 구조물까지 만든 모습이 이채로웠다. 진해만 요새 사령부 헌병부가 있던 건물은 현재 〈대항낚시〉 가게가 사용하고, 사령관실이었던 건물은 현재 식당으로

외양포마을 일본군 포진지.

바뀌어 가마솥곰탕, 추어탕 등을 팔고 있었다. 이 밖에 기다
란 형태의 병사(兵舍)도 남아 있고, 일본식 기와나 바늘판
벽이 있는 일본식 가옥도 여러 채 보였다.

러시아에서 미국으로 바뀐 적

외양포에 주둔하던 진해만 요새 사령부가 러일 전쟁 이후인
1908년 8월 마산으로 이전함에 따라 외양포 포대 규모도 다
시 중대급으로 줄어들었다. 일본이 가덕도를 다시 군사적
으로 주목한 건 그로부터 몇십 년 뒤다. 이와 관련된 군사 시
설들을 보려면 왔던 길을 거슬러 대항(大項)과 새바지로 가

야 한다.

일본은 1941년 12월 7일 미 해군의 진주만 기지를 공습하며 태평양을 무대로 미국과 전면전에 돌입했다. 그러다가 미국의 공세에 밀려 패색이 짙어지자 1945년 1월부터 〈본토결전(本土決戰)〉에 대비하기 시작했다. 본토결전의 기본 방향은 일본과 조선에 대규모 병력을 서둘러 증강하고 새로운 시설지를 신속하면서도 대규모로 건설해 미군 상륙을 저지하거나, 이것이 실패했을 때 결사 항전할 수 있도록 새로운 지휘 체계를 만드는 것이었다. 일본은 미군 상륙 예상 지점으로 제주도와 더불어 한반도 남서해안 일대, 특히 부산항, 여수항, 목포항, 군산항 일대를 상정했다.[2]

태평양 전쟁 말기에 일제가 진해 해군 기지로 가는 길목을 지킬 수 있는 가덕도 서쪽 대항마을, 그리고 부산으로 다가오는 적을 공격할 수 있는 가덕도 동쪽 새바지마을에 동굴 진지를 대대적으로 구축한 것도 바로 본토결전 작전의 일환이었던 것으로 추측된다.

가덕도에 오기 전 경험한 일제 동굴 진지의 답사 난이도가 높았기에, 대항마을로 가면서 〈오늘도 고생 좀 하겠구

---

2   신주백, 「1945년도 한반도 남서해안에서의 〈본토결전〉 준비와 부산·여수의 일본군 시설지 현황」, 『군사』 제70호(2009): 232, 234~235.

나) 생각했다. 대항마을 입구 공영 주차장에 차를 두고 해안가로 걸어 내려가다 오른쪽으로 방향을 바꿔 잠시 걸어가니 마을 끝, 해안 절벽 시작 지점에 〈대항 인공 동굴 안내소〉가 있었다. 안내소 앞에는 〈대항항 포진지 동굴 탐방〉이라는 안내판이 세워져 있는데, 탐방 안내도, 동굴 조성 경위 등과 함께 적힌 아래 문구에 특히 눈이 갔다.

일제의 군사 시설이었던 동굴 요새를 관광자원으로 개발하였지만 강제 동원된 조선인 징용자들의 희생이 깔려 있는 〈다크투어리즘Dark Tourism〉[3]의 현장이며 어두운 역사의 흔적에서 오늘의 우리를 찾아야 한다.

이 문구가 깨우쳐 주듯이, 사람의 발길이 닿기 어려운 해안 절벽에 동굴 진지 같은 대규모 군사 시설을, 그것도 급박하게 구축하는 과정에서 다치고 죽은 조선인 징용자가 얼마나 많았을까? 평소에 특정 장소place가 지닌 개인적·사회적·역사적 의미, 곧 장소성placeness은 하나가 아니라고 강조해 왔고, 특정 장소에서 여러 장소성을 생각해 보고 새로운

---

3 폭력과 전쟁으로 인류가 상처받은 현장과 흔적을 찾아, 역사적 교훈을 되새기는 여행을 말한다.

장소성을 입혀 나가는 것이 답사의 매력이라고 말해 왔기에, 일제 동굴 진지를 강제 노동이라는 인권 침해가 이루어진 장소로 생각해 보자는 권고가 반갑고 고마웠다.

이렇게 착한 안내판을 지나, 여느 해안 관광지처럼 널찍한 나무 덱이 깔린 해안 산책로를 걷다 보니 어느새 1동굴 입구에 도착했다. 1동굴 입구 상부에는 과장되게 큰 모형 포가 진해만 쪽을 향해 박혀 있고, 과거에 진짜 포가 놓여 있었을 자리에는 포탄 장전을 준비 중인 일본군 밀랍 인형, 강제 노동 중인 조선인 징용자 밀랍 인형, 징용자의 심정이 담긴 부조 등이 있었다. 부조된 〈고향에 가고 싶다〉, 〈어머니 보고 싶어〉 같은 글귀는 분명히 조선인 징용자의 마음을 표현한 것이었을 텐데, 내게는 그 글귀가 포탄 장전을 준비하는 일본 병사의 마음으로도 읽혔다. 자신이 아닌 누군가가 시작한 전쟁에 휩쓸려 온 그에게도 떠나온 고향과 어머니가 있었을 테니.

부산시 강서구가 관광 자원으로 활용하는 대항마을 동굴 진지는 총 5개다. 이 진지들은 동굴 바깥쪽에 조성된 해안 산책로를 따라가며 차례대로 볼 수도 있고, 1동굴 입구로 들어가 2동굴, 3동굴로 연결된 안쪽 통로를 따라가며 답사할 수도 있다. 나는 두 번째 방식을 택했다.

(위) 대항마을 일제 동굴 진지 입구.
(아래) 대항마을 일제 동굴 진지 내부 조형물.

해안에서 8미터 높이 암반에 가로로 굴착된 동굴 안쪽 통로 길이는 총 175미터다. 동굴 안쪽 통로에는 외양포, 대항, 새바지, 부산 강서구 대저동 등에 남아 있는 일제 군사 시설을 소개하는 패널이 전시돼 있고, 5동굴에는 이곳을 찾은 이들이 감상과 소망을 적어 게시할 공간도 마련해 두었다. 누군가 쌓기 시작했을 책상 위 작은 돌탑에 나도 돌 하나 올리며 희생된 조선인 징용자들의 명복을 빌었다.

동굴 바깥쪽 해안 산책로를 걸어 안내소까지 온 뒤, 다시 차를 타고 오늘의 마지막 답사지 새바지마을로 출발했다. 새바지는 샛바람(뱃사람들이 사용하는 동풍의 은어)을 받는 곳이라는 뜻이다. 대항에서 새바지까지는 차로 채 5분이 걸리지 않았다.

새바지마을 동굴 진지는 마을에서 떨어진 해안 절벽 8미터 높이에 구축된 대항마을 동굴 진지와 달리, 마을 가운데 지점에서 해안 쪽으로 돌출된 자그마한 바위산에 구축되었고, 상륙하는 적을 공격하거나 특공정(特功艇)이 바다로 출동하기 좋도록 해수면보다 약간 높은 곳에 자리 잡고 있었다. 동굴 입구는 총 3개이고, 폭과 높이는 1~2미터, 동굴 내부 길이는 50미터에 달한다. 하지만 아쉽게도 이번 답사에서는 동굴 안으로 직접 들어가 보지 못했다. 낙석 위험이 있

새바지마을 일제 동굴 진지 전경.

어 동굴 입구를 폐쇄했기 때문이다. 이곳에 다녀간 이들이 쓴 글과 사진을 인터넷에서 찾아보니, 동굴 안에는 적 상륙에 대비해 사각형 총안구가 뚫려 있고, 총안구를 지나 좀 더 걸어가면 몽돌해변 쪽 출구로 나갈 수 있는 구조였다. 답사기가 게시된 날짜들로 짐작하건대 2021년 봄까지는 출입이 가능했던 것 같다.

한편, 새바지 동굴은 대항 동굴과 달리 접근성이 좋아 과거에는 마을 주민들이 물품 보관 장소로 사용했다고 한다. 이를 증명하듯, 동굴 안팎에 그물 같은 각종 어구를 놓아둔 사진이 새바지 동굴 안내판에 인쇄되어 있었다. 이처럼 일제 군사 시설이 주민 생계용으로 쓰이거나 최근까지 방문객에게 아름다운 몽돌해변으로 나가는 통로로 이용된 사실을 알게 되니, 역시 장소의 의미는 하나로 고착되기보다 다양하게 움직인다는 생각이 굳어졌다. 그렇다면 미래에 우리는 가덕도에 어떤 의미를 입힐까? 짧지만 강렬했던 가덕도 답사를 마무리하며 머릿속에 떠올랐던 질문이다.

지심도: 아름다운 동백섬에 새겨진 제국주의의 흔적

운전면허 시험을 보러 가는 날이면 다른 사람이 운전하는 모습만 유독 눈에 들어온다는 우스갯소리가 있다. 그날 저녁 퇴근길 자동차에서 내가 딱 그랬다. 전쟁과 평화라는 열쇠 말을 가지고 어느 섬을 답사할지 한창 고민하던 때라 그랬는지, 흘려듣던 라디오에서 〈섬〉이라는 단어가 나오자마자 정신이 번쩍 들어 반사적으로 라디오 볼륨을 높였다.

라디오 진행자는 〈우리가 잘 몰랐던 섬과 섬 사람들 이야기〉를 전문가와 나눠 보겠다고 운을 뗀 뒤, 사단법인 섬 연구소 강제윤 소장과 30분 가까이 인터뷰를 진행했다. 강 소장은 강릉 동남쪽 해상 150킬로미터 지점으로 태풍이 빠져나간다는 예보를 듣고, 바로 그 지점에 있는 울릉도를 생각하지 못하는 육지 중심 사고와 언론의 보도 태도를 지적한 얘기, 섬 여객선 공영제를 확대해야 한다는 얘기, 그리고 강

2장 지심도: 아름다운 동백섬에 새겨진 제국주의의 흔적

제 이주 위기에 몰렸던 지심도 주민들이 계속 거주할 수 있도록 활동했던 얘기 등을 들려줬다.[4]

이렇게 해서 처음으로 지심도를 알게 되었다. 그날 저녁 라디오에서 강제윤 소장 인터뷰를 듣지 않았다면, 아마도 나는 남해 섬 답사 때 한국 전쟁 포로수용소 유적으로 유명한 거제도만 답사하고, 거제도에서 배로 20분도 채 안 걸리는 지심도로 발길을 내딛지 않았을지 모른다.

지심도를 요새로 만든 이유

지심도로 가는 유람선은 거제도 장승포항과 지세포항 두 곳에서 출발한다. 지심도는 동백나무가 섬 대부분을 덮고 있어 〈동백섬〉이라는 별칭을 갖고 있다. 동백나무는 해풍과 염기를 잘 견디는 수종이라 섬에서 특히 많이 자란다. 거제도 주변 섬 중에는 인공 정원이 잘 조성된 〈외도〉가 유명하지만, 요즘은 지심도로 가는 관광객도 많아 주말에는 유람선 예약이 필수라고 한다. 내가 찾아간 2022년 6월 초 주말에는 지세포 터미널에서 지심도행 유람선이 두 시간 간격으로 하루 다섯 차례 운행 중이었다. 오전 8시 45분에 지

---

4 〈세월호 참사 뒤 여객선 사고 오히려 증가, 공영제 필수〉, CBS라디오 「한판 승부」, 2022년 4월 29일 (https://www.nocutnews.co.kr/news/5749121).

세포 터미널을 출발한 첫 배는 15분 만에 지심도에 도착해 사람들을 내려 준 뒤 곧바로 지세포로 돌아갔다.

지심도는 섬 전체를 한 바퀴 걸어서 돌아도 두 시간이면 넉넉할 정도로 작은 섬인데, 선착장은 꽤 넓었다. 처음에는 관광객이 많이 오는 곳이라서 그런가 싶었는데, 나중에 기사를 찾아보니 일본이 1930년대 후반 지심도에 포대를 건설하기 시작하면서 이처럼 규모가 큰 선착장이 만들어졌다고 한다.[5] 일본은 제1차 세계 대전 직후 미국, 영국, 프랑스, 이탈리아 등과 체결한 〈해군 군비 제한에 관한 조약〉(1923년 8월 발효)을 1934년 탈퇴하며 본격적으로 해군력 증강에 나섰다. 비슷한 시기에 진해만 일대의 무장도 대대적으로 강화했는데, 지심도도 이런 흐름 속에서 일본의 요새로 전락하고 말았다.

지심도 포대 공사는 1936년 7월 10일 착공돼 2년이 채 안 된 1938년 1월 27일 준공됐다. 당시 일제는 새로 포대 공사를 시작할 때, 〈건설 설계 요령서〉를 작성해 하달함으로써 주변 지역 포대와 같은 형태로 시공하도록 했다. 일종의 모

---

5 〈섬 전체가 일본군 군사 시설로 요새화됐던 거제시 지심도〉, 「브레이크뉴스」, 2022년 8월 15일(https://www.breaknews.com/sub_read.html?uid=916068).

2장 지심도: 아름다운 동백섬에 새겨진 제국주의의 흔적

듈화를 통해 시행착오 없이 최단기간에 군사 시설 공사가 완료될 수 있도록 한 것이다. 지심도 포대는 이런 모듈화 건설의 대표적 사례로, 대마도(對馬島)의 쓰쓰자키 포대 서치라이트 보관소, 사오자키 포대 관측소 등이 당시 같은 형태로 건설됐다고 한다.[6] 방파제가 없어 물결이 높다 보니 사람들이 조심조심 배를 오르내리지만, 일제의 요새로 전락하면서 선착장이 널찍해진 섬. 그게 내가 만난 지심도의 첫인상이었다.

선착장에서 오른쪽으로 몇 계단 올라가면 바로 지심도 일주 산책로가 나타난다. 섬 북쪽으로 방향을 잡은 뒤 울창한 동백나무 숲 사이로 난 산책로를 따라 1킬로미터 정도 걸어가자 전형적인 일본식 가옥인 〈지심도 구 일본군 전등소 소장 사택〉이 나타났다. 지심도 전등소(발전소)는 지심도 군사 시설에 필요한 전력을 자체적으로 공급하기 위해 포대와 함께 준공됐다. 사택 옆에 있던 발전소 건물은 현재 민박집으로 쓰이고 있었다.

발전소 소장 사택에서 다시 걸음을 옮겨 3백 미터 정도 가니 견고한 콘크리트와 두꺼운 철문으로 만들어진 일본군 서치라이트(탐조등) 보관소가 모습을 드러냈다. 이곳

6 이지영, 「한말 일제의 대륙 진출과 부산 및 진해만의 요새화」, 20~24.

에 있던 서치라이트는 직경 2미터 정도로, 불빛 도달 거리는 7~9킬로미터에 달했다고 한다. 보관소에서 조금 더 걸어가자 역시 콘크리트로 만든 서치라이트 좌대가 나타났다. 서치라이트 좌대 주변에는 불빛을 비출 방향을 가리키는 지시석(방향 지시석)이 총 6개 있었다고 하는데, 현재는 5개만 남아 있었다. 높이 30센티미터 정도의 지시석은 장승포, 가덕도 등대, 절영도(현재 부산 영도), 대마도 등을 향해 세워져 있다.

서치라이트 좌대를 지나 2백 미터쯤 가면 지심도 북쪽 끝 망루에 도달하는데, 망루 인근에는 일제가 지심도 포대를 설치하며 만든 욱일기 게양대 기단이 남아 있었다. 현재는 기단 위에 지심도 주민들이 광복 70주년인 2015년 8월 15일 설치한 철제 기둥이 올라가 있고, 바로 그 기둥 위에서 태극기가 휘날리고 있었다. 제국주의의 억압과 폭력을 상징하는 욱일기 게양대를, 독립과 자유를 상징하는 태극기 게양대로 용도 변경함으로써 일종의 상징 전복을 시도한 셈이다.

섬 북쪽 끝 망루를 반환점 삼아 서치라이트 좌대로 돌아온 뒤, 이번에는 일제가 포진지, 탄약고 등을 구축해 놓은 섬 동쪽으로 걸음을 옮겼다.

원시림이라는 말이 무색하지 않을 정도로 울창한 동백나무 숲길을 걷다 보니 갑자기 앞이 확 트이며 꽤 넓고 평탄한 터가 나왔다. 현지 안내판에는 〈활주로〉라고 적혀 있는데, 비행기가 이착륙하기엔 주변 조건이 좋지 않아 보여 과거에 진짜 활주로로 쓰였는지 의심이 들었다. 나중에 인터넷에서 찾아보니 일제가 경비행기 활주로로 쓰려고 조성했다는 기사도 있고, 실제로 사용했다는 기사도 있었다. 활주로 조성 중에 전쟁이 끝난 건지, 아니면 실제 비행기가 뜨고 내렸는지는 더 조사해 봐야 알 것 같다.

다만 현재 이곳이 유명한 〈손 하트〉 모양 조형물을 배경으로 연인, 친구, 가족이 사진을 찍으며 사랑을 키우는 지심도 최고 포토존이 됐다는 건 분명한 사실이다. 역시 장소의 의미는 하나이거나 고정된 게 아니라, 장소를 찾아가는 사람들에 의해 다양해지고 움직인다.

손 하트 조형물을 보며 이런 생각에 집중하다가 활주로에서 섬의 동남쪽 바다를 유심히 보지 않은 것이 이번 답사에서 가장 후회되는 일이다. 대마도를 맨눈으로 볼 기회를 놓쳤기 때문이다. 얼마 전 부산 태종대에 갔을 때 날씨가 좋으면 대마도가 보인다는 안내문에 반신반의했었다. 그런데 나중에 인터넷에서 지심도에 다녀온 이들이 남긴 글과

지심도 활주로 손 하트 조형물.

사진을 다시 보니, 대마도가 선명하게 한눈에 들어왔다는 글과 사진이 많았다. 일제는 이처럼 지심도에서 맨눈으로 보일 정도로 가까운 대마도와 이곳 지심도를 쌍둥이처럼 무장시켜 대한 해협 수송로를 방어하고, 더불어 유사시 진해만과 부산으로 접근하는 적에 대응하려 했던 것이다.

활주로에서 4백 미터 정도 걸어가니 일제가 철근 콘크리트로 견고하게 만든 포진지가 드디어 나타났다. 포진지로 가는 길에는 레일을 깔아 포를 옮겼던 흔적이 남아 있었다. 포진지는 총 네 곳이었는데, 모듈화를 통해 구축한 시설답게 직경 18미터, 높이 1.5미터짜리 방호벽 안에 직경 4미터

지심도 일제 포진지.

짜리 포대(砲臺)가 놓여 있는 똑같은 모습이었다. 방호벽 남쪽과 북쪽에는 계단도 있었다. 포진지 안내판에는 이곳 포대에 〈45식 15밀리미터 캐논포〉가 설치돼 있었다고 적혀 있는데, 캐논포 구경은 15밀리미터가 아니라 150밀리미터 가 맞으니 고쳐 적어야 할 것 같다.

포진지 옆에는 탄약고 네 곳도 구축돼 있었다. 비탈진 곳 에 은폐되어 있어 눈에 잘 띄지 않는 위치였다. 탄약고 역시 내부 크기만 다를 뿐 외부 좌우에 환기구 두 곳을 뚫어 놓거 나, 항아리 모양 배수로를 설치하는 등 같은 형태였다. 네 곳 중에서 조명이 있는 탄약고에 들어가 보니, 벽에 지심도

지심도 포진지 탄약고 입구.

역사, 포대 설치 경위 및 캐논포 제원, 지심도 생활상 등이
상세히 적힌 패널이 친절하게 전시돼 있었다.

주민이 사는 게 평화다

이렇게 섬 곳곳 제국주의 흔적을 끌어안고 살아오던 지심
도 주민들은, 앞에서 말했듯이 2017년부터 몇 년 동안 강제
이주 위기를 겪었다. 사연을 짧게 요약하면 다음과 같다.

1908년 지심도에는 13가구 61명이 살고 있었다. 만주 사
변과 중일 전쟁 등이 발발하자 섬 주민들은 섬이 일제의 요
새로 전락할지 모른다는 불안감에 싸여 있었다. 마침내 일

제는 지심도 요새화를 시작했고, 주민 10여 가구를 강제로 이주시켰다. 광복 이후 원주민 중 일부, 그리고 지심도를 새로운 삶의 터전으로 선택한 이들이 지심도에 들어와 이 섬을 〈군인이 머무는 섬〉에서 다시 〈사람이 사는 섬〉으로 만들었다. 1982년 당시 일운국민학교 지심분교 학생이 35명에 이를 정도로, 지심도는 활력 넘치는 섬이었다.

하지만 섬의 주인은 주민이 아니었다. 1970년 12월에 지심도 소유권이 일제에서 국방부로 넘어왔고, 그때부터 주민들은 국방부에 밭과 집터의 임대료를 내며 살았다. 건물은 주민 소유였지만, 땅은 국방부 소유였던 탓이다. 그러다가 2017년 3월 지심도 소유권이 거제시로 넘어온 직후 상황이 급변했다. 거제시가 지심도를 〈자연과 생태, 역사와 스토리가 어우러진 명품 테마 관광지〉로 개발하겠다는 청사진을 밝힌 뒤 2018년 12월 주민들에게 더 이상 땅을 빌려주지 않겠다고 통보한 것이다. 하루아침에 섬에서 쫓겨나게 된 주민들이 거세게 항의하자, 거제시는 2019년 6월 강제 이주를 요구하며 단전과 도선 운항 중단까지 예고했다. 결국 국민권익위원회가 중재에 나섰고, 1년여 뒤 거제시가 〈강제 이주시키지 않는다〉고 약속하면서 양측의 갈등은 일단 봉합된 상태다.[7]

지심도 선착장 전경.

　　현재 지심도에는 15가구가 음식점, 민박, 낚시업 등을 하며 살고 있다. 형형색색 옷을 입은 사람들이 선착장에서 활짝 웃으며 오가는 모습, 민박집 주인들이 선착장에서부터 숙소까지 해주는 미니 전기차 픽업 서비스 등은 언제 봐도 활기차다. 이렇게 주민들이 함께 모여 생활하고, 그 공간으로 사람들이 쉼 없이 찾아온다는 사실이, 바로 지심도가 전쟁의 섬에서 평화의 섬으로 변신하고 있다는 증거다. 그러

7　「개발앞둔 지심도, 평생 산 섬에서 나가라니」,『한겨레21』, 제1325호(http://h21.hani.co.kr/arti/society/society_general/49076.html);「〈강제 이주 없다〉지심도 주민 - 거제시 갈등 봉합」,『부산일보』, 2021년 5월 27일 자(https://www.busan.com/view/busan/view.php?code=2021052611293677582).

니 주민들이 살아온 지난 시간과 앞으로의 바람을 존중해 주면 좋겠다. 조선 시대에 지심도는 대마도 어부들이 지세 포나 용초도 등지로 어업 활동을 왔다가 쉬어 가는 곳이었다고 한다. 그런 사실을 탄약고 안내판에서 읽으며 대마도 와 지심도 또는 거제시가 자매결연하고 서로 교류하면 괜 찮겠다는 생각을 해봤다.

선착장에서 배를 타고 나온 뒤 바로 차를 운전해야 하는 사정 탓에 그토록 아름다운 지심도에서 막걸리 한 잔 못 한 아쉬움이 지금도 떠오른다. 다시 지심도에 가게 되면 식당 에 들러 해물파전이라도 꼭 먹고 와야겠다.

3장

거제도: 장승포에 가면 다른 이야기를 만날 수 있다

군부대가 아닌데도 항상 군가가 흘러나오는 곳이 있다. 2018년 개봉한 「스윙키즈」는 이곳을 소재로 삼은 영화다. 근현대사 사건을 소재로 한 영화에 관심이 많거나 조금 연배 있는 독자라면 배창호 감독이 2001년에 연출한 영화 「흑수선」도 기억날 것이다.[8] 넷플릭스 오리지널 드라마 「오징어 게임」으로 세계적 스타가 된 이정재가 「흑수선」에서는 의문의 사건을 풀어 가는 형사로 나온다. 끝으로, 매년 유료 관람객 수십만 명이 찾아와 지방 자치 단체 살림에도 큰 보탬이 되는 곳이다. 이곳은 어디일까?

바로 〈거제도 포로수용소 유적 공원〉(이하 포로 유적 공

---

8 두 영화에 대한 흥미로운 비평은 아래 글 참조. 전지니, 「탈냉전시대 포로수용소 영화 연구 – 〈흑수선〉(2001), 〈스윙키즈〉(2018)를 중심으로」, 『구보학보』 29집(2021).

원)이다. 가까운 영남뿐 아니라 다른 지역에서도 한국 전쟁 관련 답사를 기획할 때면, 포로 유적 공원을 후보지로 꼽는 경우가 많다. 포로 유적 공원이 워낙 많이 알려진 데다 1999년 10월 유적관 개관 이후 최근까지 편의 시설이나 체험 시설을 꾸준히 확충해 온 덕분에 다양한 연령대의 눈높이를 맞출 수 있기 때문이다. 거제해양관광개발공사도 거제 대표 관광 시설 아홉 곳 중 포로 유적 공원을 1순위로 소개한다. 한마디로 포로 유적 공원은 거제도 관광의 〈간판스타〉다.

하지만 빛이 강하면 그림자도 짙은 법이다. 거제도에는 포로 유적 공원의 유명세에 가려진 탓에 외지 사람들의 발길이 잘 닿지 않는 한국 전쟁 관련 유적과 시설이 적지 않다. 특히 장승포는 포로 유적 공원과 〈결이 다른〉 한국 전쟁 이야기를 만날 수 있는 장소다. 이번 거제도 답사의 주요 목적지 중 하나는 한국 전쟁 유적지로, 포로 유적 공원 못지않은 잠재력을 지닌 〈예비 스타〉 장승포다.

거제도에 수용된 포로

1950년 12월까지 13만 명 넘는 북한군·중국군 포로는 모두 부산 포로수용소에 수용돼 있었다. 그러다가 당시 피란민이 몰려들던 부산에 더 이상 포로를 수용할 수 없자 유엔군은 거제도를 대체지로 선택했다. 거제도 포로수용소 공사는 1951년 1월에 시작했는데, 공사 시작과 거의 동시에 포로가 이송되기 시작해, 6월 말에는 이송 작업이 거의 마무리돼 거제도 내 포로 숫자가 14만 명을 넘어섰다.[9] 이렇게 많은 포로에다 경비 병력, 행정 인원까지 머물렀으니 당연히 거제도 곳곳에는 지금도 다양한 유적이 남아 있다. 포로 유적 공원은 이 중에서 고현동 잔존 유적이 있는 곳에 조성돼 있다.

2008년과 2016년에 이어 세 번째로 찾은 포로 유적 공원은 안녕했다. 입장료 7천 원을 내고 들어서자 〈높은 산, 깊은 골, 적막한 산하〉로 시작하는 군가가 여전히 배경음처럼 들려왔다. 입구 인근 유엔 분수 광장 조형물 앞에는 유료 관람객 1천만 명 돌파(2015년) 기념 핸드 프린팅이 세워져 있었다. 관람 동선을 따라가다 만나는 첫 번째 건물 〈탱크 전시관〉의 이승만, 김일성 등 한국 전쟁 주요 인물 등신대도 자리를 지키고 있었고(이전에는 편을 갈라 일렬로 서 있었는데, 이번에는 같은 편끼리 모여 있었다), 다음 건물인 〈포로

---

9   조성훈,『한국 전쟁과 포로』(서울: 선인, 2010), 72~85; 박태문,『거제도 포로수용소』(경남: 거제시, 2000), 9~26.

수용소 디오라마관〉은 거제도 포로수용소 설치 배경, 거제도 곳곳 포로수용소 위치, 포로수용소 풍경과 포로들의 일상생활 등을 전과 같이 보여 주었다.

디오라마관 다음으로 이어지는 〈6·25 역사관〉에서는 전쟁의 발발, 전개, 결과, 인명 피해 등을 알아볼 수 있다. 역사관을 나서면 대동강 철교를 위험하게 건너는 피란민 조형물을 볼 수 있고, 그곳에서 조금 더 걸어가면 포로 유적 공원의 대표적 체험 시설인 짚라인이 나온다. 짚라인 옆의 〈MP 다리〉를 건너면 포로의 생활, 사상 대립, 포로 폭동, 여자 포로, 포로 설득과 송환 등을 주제로 한 건물을 차례로 돌아볼 수 있다. 곧이어 〈포로수용소 유적 박물관〉에서 전쟁과 포로에 대해 종합적으로 복습하듯 알아본 뒤, 포로수용소 막사와 감시 초소, 취사장, 생활 도구 등을 재현해 놓은 〈야외 전시장〉을 돌아보는 게 포로 유적 공원의 오래된 관람 순서다.

물론 포로 유적 공원에 변화가 전혀 없었던 것은 아니다. 2013년에 〈1950 체험관〉을 시작으로, 세계 평화 전시관, 평화 탐험 체험관, VR 체험관 등으로 구성된 〈평화 파크〉를 조성했고, 2018년에는 평화 파크에서 계룡산 상부까지 운행하는 모노레일, 2019년에는 놀이 시설이 있는 〈거제 랜드)까지 들어서면서 남녀노소 모두를 만족시킬 수 있는 장소로 변해 왔다.

특히 이번 답사 때 유적 박물관에서 본 전시 〈캠프 넘버 원, 거제도 포로의 일상〉은 〈낯설지만 평범한 포로의 이야기를 통해 그들이 느꼈던 슬픔, 기쁨, 그리고 희망에 공감하며 다시금 평화를 되새기는 시간이 되기를 바랍니다〉라는 안내문처럼, 익숙한 이데올로기적 시각에서 잠시 비켜서, 전쟁이라는 격랑에 휩쓸린 〈사람〉에 집중할 수 있는 좋은 시간이었다.

하지만 세 차례 방문하는 동안 포로 유적 공원 내 전시물이나 메시지는 대동소이했다. 예를 들어, 전투로 파괴된 골목, 그 골목 건물 위에서 아래쪽을 향해 총구를 겨누고 있는 밀랍 인형 군인, 참호 전투, 포로수용소 생활 등을 재현한 평화 탐험 체험관은 포로 유적 공원의 기존 전시물이나 메시지의 연장선상에 있었다. 포로 폭동 체험관의 생생한 현장음에 겁먹고 귀를 막은 채 뛰어가는 어린이의 모습도 그곳에 갈 때마다 반복적으로 보는 장면이다.

무엇보다 유엔군 PX(군인 매점), 무도장, 경비대 막사, 미 해군 군의관 순직 기념비, 탄약고 같은 잔존 유적이 포로 유적 공원 출구 직전 귀퉁이에 있다 보니, 꽤 넓은 포로 유적

거제도 포로수용소 유적 공원 내 잔존 유적.

공원을 돌아보느라 지친 관람객이 정작〈실제〉유적은 스치
듯 지나가는 모습도 여전했다. 평화 파크에서 유료 모노레
일을 타고 올라가면 유엔군 통신 부대 중계소와 초소를 볼
수 있는데, 이 경우에는 지쳐서가 아니라 비용 때문에 발걸
음을 돌리는 사람도 있을 것 같았다. 포로 유적 공원 측의 고
려나 사정이 있겠지만, 어쨌든 이번에 갔을 때도 잔존 유적
은 공원의 주연이 아니라, 각종 재현 시설들의 뛰어난 연기
력에 밀린 조연처럼 보였다.

　이렇게〈익숙한〉포로 유적 공원 관람을 마치고〈피란민
의 음식〉인 밀면으로 허기를 달랜 뒤, 포로 유적 공원 바깥

에 있는 잔존 유적을 찾아 나섰다.

먼저, 포로 유적 공원에서 도로 하나를 건너가니 헌병대 막사 여섯 동이 경사지에 남아 있었다. 바로 옆에 고현중학교가 있어 찾기 쉬웠다. 현재 상부는 사라지고 하단 벽체(안내판에는 〈벽채〉로 잘못 적혀 있었다)만 있어 온전한 건물 모습을 알 수 없는데, 온전한 건물 사진이 있을 경우 안내판에 넣어 주면 좋을 것 같다. 이어서 차로 5분 거리에 있는 포로 수용소 보급 창고를 찾아갔다. 내비게이션에 〈디큐브 거제 백화점〉을 치면 쉽게 찾아갈 수 있다. 보급 창고가 백화점 정문과 마주 보기 때문이다. 보급 창고 벽체만 두 개 남아 있는데, 각 벽체 크기(가로 약20미터, 세로 약5~6미터)로 미뤄 보면 실제 보급 창고 규모가 상당했을 것 같다.

이어서 보급 창고 유적지에서 차로 10분 정도 달려 수월 동 잔존 유적지로 갔다. 그런데 이곳은 입구 안내판에 적힌 내용과 실제 유적 앞에 적힌 안내판 내용이 달라 혼란스러웠다. 일단 유적지 입구 안내판에는 이곳에 법무관실로 사용된 건물, 창고로 사용된 반지하식 공간, 제빵 공장 일부로 추정되는 굴뚝 등이 남아 있다고 적혀 있다. 그런데 법무관실이었다는 건물 앞에 가보니 〈포로수용소64야전 병원(사용 용도: 의무감실)〉이라는 안내판이, 창고로 사용되었다

거제도 포로수용소 보급 창고 잔존 벽체.

는 반지하식 공간 앞에는 〈포로수용소 64 야전 병원(사용 용도: 병원 부속 건물)〉이라는 안내판이 있었다. 제빵 공장의 일부로 추정된다는 굴뚝 앞에는 〈포로수용소 63 야전 병원 VIP 하우스〉라는 안내판이 있었는데, 안내판 사진 속의 굴뚝, 곧 현재 남아 있는 굴뚝과 똑같은 모양의 굴뚝은 누가 봐도 공장 굴뚝이 아니라 주택의 벽난로 굴뚝이었다. 어쨌든 고증을 거쳐 시급히 안내판을 손보면 좋을 것 같았다.

장승포로 실려 온 피란민

수월동 잔존 유적지에서 2백 미터쯤 걸어가 포로수용소 검문소까지 마저 본 뒤, 전쟁 때 거제도로 실려 온 또 다른 이방인들의 이야기를 만나러 장승포로 출발했다.

장승포항 공영 주차장에 차를 두고, 주차장 바로 옆 장승포 주민 센터를 지나 도로를 건너자 바로 〈기적의 길〉 입구가 나타났다. 복국을 파는 〈마산식당〉과 파란색 지붕 단층 건물 사이가 입구다. 〈기적의 길〉은 미국 화물선 메러디스빅토리호가 흥남 부두에서 피란민을 화물칸에 싣고 이틀간 항해 끝에 1950년 12월 25일 장승포항에 도착하는 과정을[10] 벽화로 그린 골목이다. 흥남에서 출발한 피란민 1만 4천 명 중 단 한 명도 죽거나 다치지 않았고, 배 안에서 아이 5명까지 태어난 것이 기적에 가깝다는 점에 착안해 〈기적의 길〉이라는 이름을 붙였다.

이 기적의 항해를 소재로 삼은 공지영의 장편소설 『높고 푸른 사다리』에서 수사가 된 메러디스빅토리호 선장(실제로 레너드 라루 선장은 이후 바다를 떠나 성 베네딕도 수도회 마리너스 수사가 됐다)은 장승포항에서 화물칸 뚜껑을 열던 순간을 아래처럼 회고했다.[11]

---

10 〈60명 정원 선박에 1만 4천 명 피난민 태운 선장의 결단〉, 「오마이뉴스」, 2020년 12월 31일(http://star.ohmynews.com/NWS_Web/OhmyStar/at_pg.aspx?CNTN_CD=A0002704258&PAGE_CD=SPVEW).
11 공지영, 『높고 푸른 사다리』(서울: 한겨레출판, 2013), 341.

장승포 〈기적의 길〉 벽화.

 믿을 수 없었습니다. 뚜껑을 열자 침착하고 공포에 사로잡혀 있는, 그러나 너무도 위대한 사람들이 조용히 우리를 바라보았습니다. 통역이 그제야 승선해 물었지요. 죽거나 다치거나 위독한 사람이 있냐고요. 결과는 놀라웠습니다. 한 사람도 잃지 않았다는 것을 알았을 때, 아니 오히려 다섯 명의 새 생명이 태어났다는 것을 알았을 때 저는 말문이 막혀 어떤 소리도 낼 수 없었습니다. (……) 더욱 놀라웠던 것은 거제도의 주민들이 우리 배가 도착한다는 소식을 듣고 일제히 주먹밥을 준비해 부두에 나와 있었다는 것입니다. 맑고 신선한 이 나라의 물도 함께 말입니다. 우리 선원들은 그 광경을 보았습니다. 저는 생각했지요. 예수라는 이름도 없고 교회도 없고 심지어 십자가도 없는 이곳에서 진정한 크리스마스가 펼쳐지고 있다고 말이지요.

당시 배에서 태어난 아이 다섯 명을 미국인 선원들은 김치 1호부터 5호까지 닉네임으로 불렀다고 한다. 김치 1호를 선상에서 낳은 젊은 부부는 북에 어쩔 수 없이 두고 온 두 아이를 평생 그리워하다가 의정부 묘지에 북향으로 묻혀 있다.[12] 이런 사연을 어느 정도 알고 있었기에, 〈기적의 길〉 시작 지점에 있는 곰탕 전문점 〈피란(避亂)〉 출입문에 적힌 문장 〈고생 많았소, 어서 오시게〉가 부쩍 더 고맙고 다정하게 느껴졌다. 위 문장은 골목에 그려진 벽화에도 있었다.

골목을 걷다 보니 1960년대 장승포항 전경에 눈송이가 떨어지는 모습을 입힌 벽화가 눈에 들어왔다. 벽화를 보자마자 장승포항이 피란민들을 양팔 벌려 안아 주는 것처럼 느껴졌다. 실제로 장승포 사람들은 자신도 곤궁한 생활이

---

12 추미전, 《내 이름은 김치 1호》 … 70년 전 기적의 배에서 태어나다〉, 「오마이뉴스」, 2020년 12월 31일(http://star.ohmynews.com/NWS_Web/OhmyStar/at_pg.aspx?CNTN_CD=A0002703172&PAGE_CD=SPVEW).

따뜻한 눈이 내리는 장승포마을.

었지만, 피란민들에게 집 한 칸을 기꺼이 내주었다. 피란민
들은 장승포 사람들의 도움으로 한겨울에도 희망을 찾을
수 있었다. 기적의 길 곳곳에는 이러한 피란민들의 마음을
상징하는 동백꽃이 화사하게 그려져 있다.

　현재 포로 유적 공원에도 피란민의 이야기가 조금 담겨
있다. 공원 안에는 흥남 철수 기념비가 세워져 있고, 내가
갔을 때 평화 탐험 체험관 1층에서는 기획 전시 〈피란살이,
거제살이〉가 진행 중이었다.

　전시관 패널에 따르면, 전쟁이 장기화되자 10만 명에 달
했던 피란민 대부분은 거제도를 떠나 육지로 이주했고, 휴

전 이후 거제도에 남은 피란민은 6백여 세대, 5천 명가량이었다. 이들 중에서 약 50세대가 1970년대까지 거제도에 살았고, 현재는 소수의 피란민만 살고 있다고 한다.

그래도 〈포로〉가 열쇠 말인 포로 유적 공원에서 피란민 이야기는 주변 이야기일 수밖에 없다. 피란민 이야기를 하기에는 역시 장승포항이 제격이다.

조금씩 입소문이 나고 있지만, 아직 거제시 관광 지도에도 표기돼 있지 않은 이곳에 더 많은 사람이 찾아오게 하려면 어떻게 해야 할까? 이런 생각을 하던 차에 최근 반가운 소식 하나를 들었다.

거가 대교 개통으로 뱃길이 끊겨 사용하지 않는 장승포 여객선 터미널 자리에 흥남 철수 기념 공원을 만드는 공사가 2022년 연말 착공해 2024년 상반기 준공될 예정이라는 것이다. 거제시는 〈기적의 항해〉를 소개하는 데 중점을 두고 이 기념 공원을 국내 유일의 인도주의적 역사·평화 테마 공원으로 조성하겠다고 밝혔다.[13]

이런 계획이 착착 진행되어, 아니 그전에라도 더 많은 사람이 장승포항에 새겨진 기적 같은 사연을 알리고 더 많은

13　〈11년 표류…흥남철수기념공원 조성 탄력〉, 「거제신문」, 2022년 3월 21일 (http://www.geojenews.co.kr/news/articleView.html?idxno=72767).

사람이 이곳을 찾아옴으로써, 〈포로의 섬〉 거제도가 피란민을 안아 준 〈품이 너른 섬〉으로도 기억되면 좋겠다.

돌산도: 맘바디의 화려함에 가려진 또 하나의 아픔

장범준의 노래 「여수 밤바다」 덕분에 날이 갈수록 화려해지는 여수 밤바다, 그 화려함에 가려진 아픈 역사. 이런 문장을 만난다면 사람들은 대부분 1948년 10월 19일 국군 제14연대 봉기로 시작된 여수·순천 사건을 떠올릴 것이다. 하지만 여수는 1948년 이전에도 아팠다.

일제는 1937년 시작한 중일 전쟁이 갈수록 격화되고, 그에 따라 대륙으로의 물자 수송이 더욱 중요해지자, 한반도 서남해안 항로 경비를 위한 무장을 강화했다. 동남해안 항로 경비는 한반도 침략 초기부터 구축한 진해만 요새가 담당하고 있었다. 일제는 여수항을 서남해안 항로 경비를 위한 요충지로 선택했다. 여수항에서는 1931년부터 일본 시모노세키를 오가는 연락선도 운항하고 있었다.

그때부터 여수반도 끝자락에서 돌출해 〈돌산도〉라는 이

름이 붙은 섬, 그리고 돌산도 맞은편에 있는 〈남해도〉가 요새로 변신했다. 돌산도와 남해도에 포대를 배치해 여수만과 여수항으로 접근하는 적을 공격한다는 것이 일제의 군사적 의도였다. 1941년 7월에 여수 중포병연대 편성 명령이 내려졌고, 1942년 4월 돌산도에 2개 중대, 남해도에 1개 중대가 배치됐다. 특히 태평양 전쟁 말기 여수항은 대륙에서 제주도로 이동하는 병력과 군수 물자 수송 중심지로서 군사적 중요성이 더 커졌다.[14]

이 정도가 책을 통해 알게 된 사실이고, 문제는 책에 나온 일제 군사 시설을 두 눈으로 직접 확인하는 일이었다. 낯선 돌산도에서 내비게이션에도 나오지 않는 장소를 찾아 헤맬 생각에 걱정하고 있는데 귀인(貴人)이 나타났다.

남해안으로 찾아온 전쟁

「태평양 전쟁 말기 남해안에서 실제 전투가 벌어졌다는 사실을 아는 이는 별로 없는 것 같아요.」여수·순천 지역 근현대사 전문가이자 〈함께하는 남도학〉이라는 연구 모임을 이끄는 주철희 소장이 6월 초 어느 날 돌산도 바닷가에서 우리에게 했던 얘기다. 그날은 직장 동료 세 명이 답사에 동행했

14   이완희, 『한반도는 일제의 군사요새였다』(파주: 나남, 2014), 184~190.

고, 그날 이후 직장에는 섬 답사 강도가 만만치 않다는 소문이 퍼졌다. 그날은 별로 티 내지 않았지만 이제야 고백하건대 내게도 그날 답사는 난이도가 예상을 넘어선, 간만의 고행이었다.

주철희 소장은 돌산도 답사를 준비하면서 알게 됐다. 주 소장은 몇 년 전 〈여수에 남겨진 일제 군사기지 탐사 보고〉라는 부제목이 달린 책을 썼다.[15] 그의 부지런함과 꼼꼼함이 그대로 느껴지는 이 책을 읽으면서, 주 소장이 돌산도를 안내해 주면 든든하겠다는 생각에 곧바로 전화번호를 수소문해서 연락했다. 첫 통화에서 주 소장은 흔쾌히 안내를 약속했다. 얼마 뒤 찾아간 주 소장 연구실은 〈역史공간 벗〉이라는 근사한 이름을 갖고 있었다. 그리고 창밖으로는 여순 사건 당시 국군 제14연대 주둔지가 보였다. 여순 사건 연구자로서 역사적 현장에 좀 더 가까이 다가가려는 주 소장의 열정이 느껴졌다.

차 한 잔 나눈 뒤 생수 한 병씩 챙겨 들고 연구실을 나서는데, 주 소장이 우리가 긴팔, 긴바지를 입었는지 다시 한번 확인했다. 이맘때 일제 군사 시설을 답사하는 게 힘들 수도 있다는 말과 함께. 그리고 불과 몇십 분 뒤, 길도 없는 수풀

15   주철희, 『일제 강점기 여수를 말한다』(전주: 흐름, 2015).

지대를 헤쳐 나가면서 우리는 주 소장이 왜 그런 말을 했는지 온몸으로 깨달았다.

돌산도는 1984년 돌산 대교가 완공되면서 육지와 연결됐다. 여수 시내에서 돌산 대교를 건너 찾아간 첫 장소는 도실마을이다. 도실마을에는 일제가 고사포를 장비했던 진지가 두 곳 있었는데, 1960년대에 저수지가 축조되어 현재는 터와 콘크리트 잔해만 남아 있다. 도실마을 포진지는 적의 항공 및 함포 공격에 대비해 주위 산들에 둘러싸여 지형적으로 보호를 받을 수 있는 곳에 있다. 마을 주민들은 일제가 두고 간 고사포가 1950년대 후반까지 진지에 있었다고 증언한다. 주 소장은 이 포대를 지휘한 중대 본부 터에서 우리에게 이런 이야기를 들려줬다. 중대 본부 터는 도실마을 입구에 있었는데, 현재는 아무런 흔적도 남아 있지 않았다.

다음으로 도실마을 남서쪽 항대마을로 향했다. 항대마을은 돌산도 서쪽 가막만이 한눈에 들어오는 해안 마을이다. 이곳에서는 해안 동굴 진지 두 곳과 산 중턱 동굴 진지 한 곳을 답사했다. 해안 동굴 진지는 해안도로 바로 아래 있었다. 〈도천수산〉 마당에 차를 대고, 해안을 따라 풀숲을 헤치고 찾아갔을 때는 동굴 입구에 풀, 나무, 덩굴 등이 잔뜩 엉켜 겨우 입구만 분간할 수 있었다. 주 소장이 예전 동굴에

항대마을 산중턱 일제 동굴 진지 입구.

들어가서 실측한 것에 따르면, 해안1동굴은 총길이 39.4미 터, 해안2동굴은 총길이 19.5미터에 달했다. 해안 동굴 진 지는 1980년대까지 동네 아이들의 놀이터였고, 새바지마 을 동굴 진지처럼 마을 주민들이 어구를 보관하는 장소로 쓰이기도 했다고 한다.[16]

해안 동굴 진지에 비해 산 중턱 동굴 진지는 그나마 접근 하기 괜찮았다. 길이는 7미터, 폭은 2.9미터인 이 동굴에 대 해 주 소장은 굴착 도중에 중단된 것으로 짐작했다. 우리가 갔을 때는 동굴 바로 앞 전망 좋은 장소에 집 지을 터가 다져

16   주철희, 앞의 책, 212.

져 있었다. 만약 펜션이 들어온다면 손님들에게 이곳을 안내해 주면 어떨까? 색다른 경험이 될 것이다. 주 소장은 돌산도 군사 시설 대부분이 여수반도와 남해군 해협을 방어하기 위해 설치된 것과 달리, 항대마을 동굴 진지는 여수시 구봉산 자락에 있는 여수 항공 기지 방어용 시설이었을 것으로 추정했다. 일제 패망 뒤 여수 항공 기지에는 미군이 잠시 머물렀다가, 1948년에 국군 제14연대가 주둔했다. 현재는 한화솔루션 공장이 자리 잡고 있다.

이렇게 오전 답사를 마치고 돌산도 최남단 임포마을에서 점심을 먹은 뒤, 오후 답사를 시작했다. 임포마을은 돌산도 대표 관광지로, 마을 뒤편 금오산에 그 유명한 〈향일암〉이 있다. 주 소장을 따라 어느 펜션 마당으로 가니, 마당 앞 비탈 안쪽으로 폭3~4미터, 높이 1미터 정도 되는 콘크리트 구조물이 보였다. 바로 이 구조물이 이곳에 돌산도 제1포대가 있었다는 실물 증거다. 임포마을 펜션 중에는 남해를 바라보며 일광욕과 수영을 즐길 수 있는 시설을 갖춘 곳도 있었다. 문득 이렇게 시야가 좋은 곳은 전쟁 때나 평화로운 시절이나 사람들이 가만두지 않는다는 생각이 들었다. 해안의 〈뷰 맛집〉은 포대나 관측소 자리가 될 수도 있고, 전망대나 펜션 자리가 될 수도 있으니, 역시 장소의 의미는 고정된

남해에서 격침된 북한 반잠수정.

게 아니다.

임포마을을 반환점으로 삼아 돌산도 동쪽 해안, 그러니까 남해도와 마주 보는 해안을 따라 발길을 이어 갔다. 본래 계획은 여수 중포병연대 본부와 돌산도 제2포대가 있던 계동마을로 바로 가는 것이었는데, 임포마을을 벗어나자마자 〈북한 반잠수정 전시관〉 표지판이 눈에 들어왔다. 이곳에는 또 어떤 이야기가 있을지 호기심이 발동해 먼저 전시관에 가보기로 했다. 전시관 안에는 길이 10미터가 넘는 반잠수정이 뒷부분이 심하게 파손된 채 놓여 있었다. 이 반잠수정은 어떻게 이곳까지 왔을까?

남북이 한창 대결하던 시절, 북한은 남해안을 공작원 침투로로 종종 활용했다. 반잠수정은 북한의 대표적인 공작원 침투 장비였다. 1998년 12월 17일 늦은 밤, 임포 해안 경비 초소에서 처음 탐지된 반잠수정은 다음 날 새벽까지 이어진 추격전 끝에 거제도 남방 1백 킬로미터 해상에서 우리 군에게 격침됐다. 반잠수정은 이듬해 3월 17일 인양됐고, 여수시가 반잠수정을 처음 탐지한 해안가에 2003년 전시관을 세우면서 이곳에 자리 잡았다. 전시관 안에는 무기 및 화약류, 침투 장비, 피복류 등 노획물 33점, 당시 전투 및 인양 상황을 알려 주는 패널 등이 반잠수정과 함께 전시돼 있었다. 1998년 12월 17일이면 한 달 전인 11월 18일 첫 금강산 관광선이 출항하며 남북 화해 분위기가 고조되던 때였는데, 남해에서는 이처럼 격렬한 군사 충돌이 벌어졌다는 사실에 마음이 복잡했다. 역시 평화로 가는 길은 직선이 아니라 곡선인가 보다.

전시관에서 나와 해안을 따라 15분쯤 차로 달리자, 도로 옆에 돌과 시멘트를 섞어 단단하게 지은 〈갈릴리교회〉 건물이 나타났다. 교회 마당에 들어서자 주 소장의 설명이 이어졌다. 「이 교회 일대가 바로 여수 중포병 연대 본부가 있던 곳입니다.」주민의 증언에 따르면 일제 강점기에는 나무 막사가 즐비했고, 지붕에는 검은 콜타르가 칠해져 있었다고 한다. 갈릴리교회 목사도 처음 부임해 밭을 일굴 때 녹슨 탄피를 간간이 발견했다고 한다.[17] 이곳은 남해도 남면 선구리 해안과 마주 보는데, 현재 그곳에도 동굴 진지가 일곱 곳이나 남아 있다고 한다.[18] 돌산도 곳곳 포대들뿐 아니라 남해도 포대까지 지휘하기 적합한 위치라는 생각이 들었다.

다시 차를 타고 2분 정도 갔을까, 도로 한쪽 공터에 차를 세운 주 소장이 성큼성큼 도로를 건너갔다. 우리를 어디로 안내하려나 궁금해하고 있는데, 주 소장이 낙석 방지 울타리를 통과해 도로에 접한 산기슭으로 들어갔다. 얼떨결에 따라 들어가 보니 안쪽에 몇 군데 철근이 노출되긴 했지만 아직도 엄청 견고해 보이는 콘크리트 구조물이 있었다. 바로 돌산도 제2포대 동굴 진지였다. 마을 주민들은 이곳을 〈대포굴〉이라 불렀고, 1960년대까지 고사포가 남아 있었다고 증언한다. 일제 패망 직전에 미군 B-29 폭격기가 여수만의 화물선을 폭격하자 이곳에서 고사포 쏘는 걸 직접 봤다는 증언도 있다.[19]

---

17 주철희, 『일제 강점기 여수를 말한다』, 189~190.

18 이완희, 『한반도는 일제의 군사요새였다』, 201~205.

19 주철희, 위의 책, 195.

망운산에 추락한 전폭기

이제 대미산(大美山)에 올라 돌산도 답사의 대미(大尾)를 장식할 차례다. 주차는 〈전라남도 해양수산 과학관〉 주차장에 하면 된다. 대미산 동쪽은 여수만, 서쪽은 도실마을, 남쪽은 계동마을이다. 여수 일대 요새화에 열중하던 일제가 이런 요충지를 가만뒀을 리 없다. 대미산은 해발고도 359미터에 불과하지만 경사가 가팔라 직선으로 오르는 느낌이었다. 이런 느낌은 몇 년 전 울릉도 성인봉에 오른 이후 오랜만이었다.

대미산 8부 능선에서 처음 만난 군사 시설은 입구가 두 곳이고 안쪽에서 가로로 연결된 동굴 진지였다. 입구에는 수많은 산악회가 걸어 놓은 리본이 주렁주렁 매달려 있었다. 다른 동굴 진지들과 마찬가지로 이곳에도 안내판은 없었다. 며칠 뒤 찾아간 지심도와 가덕도에서는 일제 군사 시설에 각종 안내판과 조명을 설치해 〈다크 투어리즘〉 자원으로 활용하고 있었다. 그에 비해 돌산도의 일제 군사 시설은 방치된 느낌이었다. 입구로 들어가 보니 내부 길이가 어림잡아 30미터쯤 되는 꽤 큰 동굴이었다. 주 소장은 바닥이 평탄하지 않은 것으로 보아, 전투 물자 적재보다는 군인 대피나 숙박 용도로 활용한 것으로 추정했다. 그렇다면 일본군

대미산 정상에서 본 여수만과 남해도.

은 왜 이곳에 머물렀을까?

　궁금증은 산 정상에 올라서자 풀렸다. 일본군은 대미산 정상에 포병 관측소를 만들고 바로 아래 동굴에 머물며 이 관측소를 운영했던 것이다. 인근에는 우물도 있었다. 시야 가 동서남북으로 탁 트인 관측소 자리에서는 여수만과 남 해도, 여수 항공 기지, 그리고 우리가 거쳐 왔던 도실마을과 계동마을 등이 한눈에 들어왔다. 일제는 이곳에서 중포병 연대 본부, 각 포대 등과 연락하며 여수만으로 접근하는 적 에 대응했을 것이다. 주 소장은 실제로 1945년 8월 남해도 망운산에 미 전폭기가 추락했는데, 돌산도나 남해도에서

　　　　4장 돌산도: 밤바다의 화려함에 가려진 또 하나의 아픔

이 전폭기를 공격했을 가능성도 있다고 했다.

대미산 정상에서 일제 군사 시설 답사를 마무리하고, 오동도에 2021년 개관한 〈여순 사건 기념관〉까지 둘러봤다. 〈여수 세계 박람회 유치 기념관〉 건물 한 칸에 손님처럼 자리한 작은 기념관이었다. 여수엑스포역으로 가는 동료들을 배웅하고 주 소장과도 헤어진 뒤 잠시 고민했다. 본래 계획은 이날 저녁 고흥 녹동신항으로 가서 하룻밤 자고 다음 날 아침 거문도로 들어가는 것이었다. 그런데 주 소장이 대미산 정상에서 말한 〈망운산〉이 자꾸 귓가에 맴돌았다. 〈전폭기 추락 현장에 비석도 있다고 했는데, 계획을 바꿔 남해도로 가볼까?〉

잠시 고민하다가 애초 계획대로 하기로 마음먹고 고흥으로 차를 몰았지만, 이후 몇 달 동안 망운산은 내게 숙제 같은 장소였다. 그러다가 10월 말에 드디어 망운산에 갈 기회가 생겼다. 시민 단체의 요청으로 남해 이순신 순국 공원에서 강의를 하게 됐는데, 강의를 마치고 비행기 출발까지 몇 시간이 비었다. 이참에 짧게라도 망운산에 다녀오면 좋겠다고 생각하며 지인에게 이런 뜻을 내비치니, 때마침 강의를 들은 중년 여성이 흔쾌히 자기 차로 망운산에 데려다주겠다고 나섰다. 역시 좋은 뜻을 품으면 귀인을 계속 만나게 되나 보다.

　망운산은 이순신 순국 공원에서 그리 멀지 않은 곳에 있었다. SUV도 힘겨워하는 꽤 가파른 임도를 따라 한참 올라가니 〈망운사〉와 〈KBS 망운산 수신소〉 갈림길에 〈미 공군 전공 기념비 1.5km〉라고 적힌 표지판이 보였다. 표지판이 가리키는 방향으로 가니 이번에는 〈미 공군 전공 기념비 150m〉라고 적힌 표지판이 산 중턱으로 내려가라고 지시했다.

　나무와 나무 사이에 손으로 잡는 줄까지 매어 둘 정도로 가파른 경사로를 내려가자 경사면을 깎아 만든 작은 평지가 나타났는데, 그곳 평지 한쪽에 〈미 공군 전공 기념비〉가 서 있었다. 1956년 5월 세워진 기념비 상단에는 이승만 대통령의 친필 비문이, 하단에는 1945년 8월 7일 망운산 중턱에 추락한 B-24 전폭기에 타고 있던 미 공군 11명의 이름이 새겨져 있었다. 그리고 비석 옆에는 태극기와 성조기가 함께 게양돼 있었다.

　B-24 전폭기가 추락한 이유는 아직 명확히 밝혀지지 않았다. 다만 전국 방방곡곡의 일제 강점기 군사 시설을 취재한 이완희 PD는 추락 지점과 가까운 여수 지역에 종전 직전 약 12문의 일본 고사포가 배치돼 있었고, 당시 B-24 폭격

남해도 망운산 미 공군 전공 기념비 전경.

기의 출격 임무가 남해 연안을 저고도로 비행하며 일본 선박을 공격하는 것이었음에 주목하자고 말한다.[20] 주 소장과 마찬가지로 일제에 의해 격추됐을 가능성을 배제하지 않는 셈이다. 이렇게 나는 뒤늦게 망운산을 찾아 돌산도 답사의 마지막 퍼즐을 맞췄다.

일제는 돌산도에, 그리고 맞은편 남해도에 이처럼 많은 포진지, 동굴 진지를 신속히 구축하기 위해, 그리고 포대와 포대를 잇는 군사용 도로를 만들기 위해 수많은 주민을 강제로 동원하고 가혹 행위도 일삼았다. 공사용 쇠 도구를 만

20   이완희, 『한반도는 일제의 군사요새였다』, 198~199.

들면서 노인들이 풀무질을 느리게 하면 팔이나 등을 불로 지지기도 했다고 한다.[21] 이 과정에서 얼마나 많은 주민이 죽거나 다쳤을까?

따라서 일제 군사 시설 답사가 대륙과 해양을 모두 지배하려던 일제의 야욕을 확인하는 것에서 그치지 말고, 그곳에 배어 있는 식민지 조선인의 눈물, 아픔, 상처를 떠올림으로써, 억압과 폭력 없는 세상을 만들겠다는 의지를 키우는 시간이 됐으면 좋겠다.

---

21   주철희,『일제 강점기 여수를 말한다』, 198.

5장

가문도: 영국과 일본에 엮이어 점령당한 비운의 섬

거문도로 가기 전날, 고흥 녹동신항 근처 숙소에서 기대 반 걱정 반으로 밤을 보냈다. 처음 가는 길이어서 기대가 컸는데, 결항률이 높아 한편으로 걱정이었다. 거문도는 여수에서 114.7킬로미터나 떨어진 먼바다에 있다 보니, 풍랑의 영향으로 배가 뜨지 못하는 날이 많기로 유명하다. 다행히 다음 날 바다가 잔잔해진 덕분에 학창 시절〈영국군 거문도 점령 사건〉에 대해 배울 때 들은 이래 수십 년간 까맣게 잊고 지낸, 그래서 조금은 미안한 그 섬에 갈 수 있었다.

거문도 가는 배는 여수 연안 여객선 터미널과 녹동 신항 여객선 터미널 두 곳에서 탈 수 있다. 녹동에서 출발하는 것이 여수보다 거리도 가깝고 배편도 더 많다. 여수에서는 쾌속선으로 2시간 20분, 녹동에서는 쾌속선으로 1시간 20분 걸린다. 녹동에서는 차도선(승객과 차량이 함께 타는 배)도

다니는데, 거문도까지 항해 시간은 3시간이다. 녹동에서 섬으로 갈 때는 쾌속선을 타고 갔고, 섬에서 녹동으로 올 때는 방처럼 편안한 차도선 객실에 누워 느긋하게 항해했다.

후발 제국에 상처 입은 거문도

거문도는 하나의 섬이 아니라 고도, 서도, 동도로 이루어져 있다. 서도와 동도를 연결하는 거문 대교 아래를 지나니 도내해(島內海)가 먼 길 달려온 쾌속선을 환영한다. 거문도 도내해는 〈삼호(三湖)〉로 불리는데, 이름이 무색하지 않을 정도로 호수처럼 잔잔하고 아늑했다. 서도, 고도, 동도 세 섬이 원을 이루며 서로 방파제가 되어 준 덕분에 이처럼 잔잔하고 아늑한 도내해가 만들어진 것 아닐까? 거문도는 이렇게 첫 만남부터 연대의 힘을 보여 줬다. 남과 북, 그리고 재외 동포까지 거문도 세 섬처럼 어깨동무하면 한반도는 얼마나 잔잔하고 아늑해질까.

관광객이 많이 찾는 섬이라서 그런지, 거문도항 여객선 터미널은 섬 크기에 비해 제법 커 보였다. 터미널을 나서니 해설사 M이 기다리고 있었다. 거문도에서 나고 자란 그는 얼마 전까지 삼산면(거문도는 행정구역상 여수시 삼산면 소속이고, 삼산면사무소가 고도에 있다) 공무원으로 일하다가 은퇴했다고 자신을 소개했다. M은 종일 나와 함께 거문도를 누비며, 내가 혼자 왔다면 도저히 찾지 못했거나 스쳐지나갔을 곳까지 안내해 줬다.

거문도 답사는 1박 2일 동안 동도, 서도, 고도를 순서대로 도는 일정으로 계획했다. 서도와 고도는 걸어서 다닐 만하지만, 동도까지 걸어갔다 오기엔 무리일 것 같아 삼산면사무소에 차량 지원을 부탁했다. 면사무소에서 차를 내주길 기다리며 면사무소 앞 언덕에 있는 신사 터에 먼저 다녀왔다.

고도는 1885년부터 2년 동안 영국군 주둔지였고, 일제 강점기에는 일본인들의 주요 거주지였다. 지금도 고도 거리 곳곳에는 일제 강점기 때 지어진 목조 주택이 제법 남아 있다. 내가 거문도에서 묵었던 〈고도민박〉도 해방 이후 불하받은 적산 가옥이다. 고도에 신사가 세워진 것도 이처럼 일본인이 많이 살았기 때문이다. 1938년에 세워진 거문도 신사는 해방 직후 거문도 주민들이 파괴해, 현재는 신사 터로 올라가는 계단, 계단 양옆 석등 받침, 제단 일부 등만 남아있었다. 내가 갔을 때 면사무소 마당에 〈奉燈(봉등)〉이라고 적힌 석등이 두 개 있었는데, 아마도 신사 터 계단 양옆 받침에 올려져 있던 것 같다.

1925년에 지어진 일본식 주택 고도민박.

신사 터에서 M은 일본인들이 거문도 신사에서 해상 안
전의 신 〈금비라〉를 모셨고, 신사에서 바로 보이는 작은 섬
(나중에 찾아보니 〈안노루섬〉이었다)에서는 거문도 사람들
이 수호신으로 여기는 〈고도리 영감〉을 모신다는 얘기를 들
려줬다. 역시 안전은 인류 공통의 바람인 듯하다. 그런 보편
적 바람을 서로 존중한다면 갈등과 폭력이 조금이나마 줄
어들지 않을까? 나의 안전이 소중하듯 타인의 안전도 소중
하게 여기는 마음, 그런 마음이 쌓이고 쌓이면 평화도 진전
될 것이다. 신사 터에서 고도 방파제 쪽으로 몇 계단 내려가
니 〈거문도항 수축 기념비〉가 있었다. 일제가 거문도항을

보수하고 1938년 10월에 세운 비석이다.

이제 본격적으로 거문도에 남은 전쟁의 흔적을 만날 시간이다. 차를 타고 고도와 서도를 잇는 삼호교를 건넌 뒤, 서도 해안도로를 2~3분쯤 달리니 거문 대교가 보였다. 거문 대교를 건너 동도 해안도로를 따라 2분 정도 달렸을까 싶은데 M이 방파제 한편에 차를 세우자고 했다. 차에서 내려 1백여 미터 걸어가니 무성히 자란 수풀 사이로 마침내 일제 동굴 진지 입구가 모습을 드러냈다.

동도 죽촌마을 동굴 진지는 총 9개로, 7개는 해안에, 2개는 망향산 중턱에 있다. 모두 일제가 태평양 전쟁 말기에 연안 방어 강화, 일본과 중국을 오가는 수송선단 호위 등을 목적으로 구축한 시설이다. 이곳을 먼저 다녀간 이완희 PD는 인간 어뢰 카이텐이나 특수 잠항정인 코류를 숨겨 두기 위한 시설로 추정한다. 당시 이 동굴 진지에서 바다로 이어지는 유도로도 만들었는데, 지금도 간조에는 그 흔적들이 물 밖으로 드러난다.[22] 해안 동굴 진지 대부분은 해안도로를 따라 걸어가면 볼 수 있는데, 가덕도에서 본 것 같은 안내판은 따로 세워져 있지 않았다. 아쉽게도 수풀이 우거져 동굴 안쪽까지는 들어갈 수 없었다.

22 이완희, 『한반도는 일제의 군사요새였다』, 251, 254~255.

7개 해안 동굴 진지 중 하나는 민박집(〈큰길민박〉)을 통과해야 볼 수 있다기에, 주인에게 부탁하니 조심스레 문을 열어 줬다. 민박집 뒷마당과 연결된 동굴 진지는 보존 상태가 좋은 편이었고, 안쪽까지 들어가서 볼 수 있었다. 동굴 깊이는 20미터 정도였는데, 중간쯤에 높이 30센티미터가량의 콘크리트 턱이 있고 그 안으로 물이 차 있었다. 한편, 동굴 입구 쪽에는 산에서 굴러떨어진 커다란 바윗덩어리들이 놓여 있었는데, 안전 조치가 시급해 보였다.

비교적 접근하기 쉬운 해안 동굴 진지와 달리, 망향산 중턱 동굴 진지는 M의 도움이 없었다면 도저히 찾아가지 못했을 것이다. 이곳에도 안내판은 없었다. M을 따라 빽빽한 대나무 숲을 헤치고 어렵게 찾아갔는데, 대나무가 너무 우거져 입구만 바라보고 돌아오는 것으로 만족해야 했다. 산중턱 동굴 두 곳은 거문도 도내해를 조망하는 위치에 있는 것으로 보아 지휘소로 사용된 것으로 추정된다.[23]

이렇게 죽촌마을 동굴 진지를 돌아본 뒤 M은 나를 바로 옆 유촌마을로 안내했다. M은 유촌마을의 한 민가로 들어가더니, 집주인에게 대뜸 거문진 주춧돌을 보여달라고 부탁했다. 실제로 그 집 담장과 화단 여러 곳에는 오랜 세월이

23   주철희, 『일제 강점기 여수를 말한다』, 262.

동도 민박집 뒤편 일제 동굴 진지.

느껴지는 주춧돌이 놓여 있었다.

거문진(巨文鎭)은 영국군이 거문도에서 철수한 1887년에 조선 조정이 유촌마을에 설치한 수군 방어 시설로, 1895년 수군 철폐와 함께 폐진됐다. 유촌마을에는 현재 거문진 터 안내판이 세워져 있다. 폐진 이후 거문진 건물들은 해체돼 1905년 낙영학교 건립에 사용됐다고 한다. 낙영학교는 영국군의 점령과 러일 전쟁 등을 차례로 겪은 거문도 사람들이 근대 교육의 필요성을 절감하고 서도 장촌마을에 세운 사립 학교다. 현재 거문초등학교 운동장 한편에는 낙영학교 창립자 김상순 기념비가 서 있다. 조금 전 보고 온 주춧돌도 아마 거문진 건물이 해체될 때 누군가 가져다가 그곳에 놓았을 것이다.

다시 해안 쪽으로 내려오다 보니 이순신 동상이 삼호를 바라보며 서 있었다. 영국군에 힘도 써보지 못하고 거문도를 내준 조선 수군을 봤다면 이순신은 무슨 말을 했을까? 이순신이 살아 있었다면 그토록 무기력했던 조선 조정을 향해 어떤 쓴소리를 했을까? 동상을 보면서 문득 궁금해졌다.

거문 대교를 건너 서도 덕촌마을에 이르러 차를 세우고 M을 따라가니, 폐가 뒤편으로 역시 일제가 파놓은 동굴 진지가 눈에 들어왔다. 동굴 입구 쪽에는 쇠기둥으로 받쳐 놓은 슬레이트 지붕이 있고, 동굴 안쪽에는 장독대와 바구니 같은 살림살이가 버려진 채 가득 쌓여 있었다. 돌산도 답사를 이끌어 줬던 주철희 소장은 이 동굴 진지가 일제 강점기 거문도에 있던 수상 비행장과 관련 있을 거라고 추정한다. 덕촌마을 바다에는 수상 비행장 블록이 남아 있다. 태평양 전쟁 말기 일본군이 서도국민학교에 머물면서 수상 비행기 정비와 보급 등의 업무를 수행했다는 증언도 있다.[24]

면사무소에 차를 반납하고 고도에서 점심을 먹는데, 식당 주인이 자기가 바로 죽촌마을 출신이라며 어릴 적 동네 아이들과 바닷가에서 놀고 나서 동굴 진지에 고인 물로 씻

24   주철희, 앞의 책, 248; 이완희, 앞의 책, 251~252.

었다는 이야기를 들려줬다. 역시 답사 때는 눈뿐 아니라 귀도 항상 열고 있어야 이야기를 길어 올릴 수 있다. 거문도 동굴 진지 구축에는 거문도 주민뿐 아니라 육지의 광산 노무자 수백 명이 강제로 동원됐다. 노무자들은 단단한 암반을 굴착기 같은 기계 없이 정과 곡괭이로 파냈다고 한다.[25] 동굴 진지는 그들의 눈물 어린 곡괭이질과 거문도 아이들의 밝은 재잘거림을 모두 기억하고 있을 것이다.

선발 제국이 거문도를 점령한 이유

오후에는 서도를 도보로 답사했다. 첫 목적지는 불탄봉이었다. 서도 덕촌마을에서 불탄봉까지 거리는 1킬로미터 정도 되었다. 〈일제 강점기 일본군 해상 관측소〉라고 적힌 안내판을 뒤로하고 계단을 오르자 얼마 지나지 않아 길이 안 보일 정도로 우거진 수풀이 나타났다. 역시 일제 군사 시설 답사는 수풀이 우거지기 전에 다녀야 한다는 생각을, 돌산도에 이어 또다시 했다.

불탄봉 삼거리 표시판에서 불탄봉 방향으로 150미터쯤 걸어가니 T자형 콘크리트 구조물이 나타났다. 그곳에서 50미터 정도 더 올라간 불탄봉 정상에도 이곳과 거의 모양

25 주철희, 앞의 책, 265~266.

이 같은 콘크리트 구조물이 있었다. 콘크리트 구조물에는 외부로 연결되는 가로세로 50센티미터 정도 크기의 굴뚝이 두 개 있는데, 지상으로 안테나를 올리는 시설이라고 추정하기도 하고, 환기구로 추정하기도 한다. 일제 강점기 불탄봉에는 일본 해군 전파 탐신 기지가 있었다. 이 콘크리트 구조물도 전파 탐신기 운영 관련 시설이었다. 전파 탐신기는 전파를 발사해 적기의 움직임을 포착하는 장비다.[26] 불탄봉은 날씨가 좋으면 제주도까지 보일 정도로 시야가 탁 트여 있으니, 해상과 공중을 관측하기에 최적지였을 것이다.

불탄봉 정상에서 서도 끝자락 거문도 등대까지 이어진 트레킹은 거문도의 매력을 만끽하는 시간이었다. 총 4.6킬로미터를 두 시간 동안 걸었는데, 눈앞으로 시원하게 펼쳐지는 서도 앞바다와 기암절벽, 그리고 한 걸음 디딜 때마다 점점 더 다가오는 거문도 등대, 〈목넘어〉를 건너 거문도 등대까지 이어지는 빽빽한 동백나무길 등 정말이지 어느 한 곳도 눈을 뗄 수 없었다. 거문도 등대는 일제가 군사적 목적으로 만든 높이 6.4미터짜리 시설로, 1905년 4월부터 거문도 앞바다를 비췄다. 1백 년 넘게 활약한 등대는 2006년에 새로 만들어진 높이 33미터짜리 등대에 역할을 물려주고,

26   이완희, 앞의 책, 252~253.

1905년에 세워진 거문도 등대.

해양수산부 지정 등대 문화유산으로 관리되고 있다.

거문도 등대가 증명하듯 일제는 러일 전쟁 시기부터 거문도를 군사적으로 활용했다. 그런데 일제보다 먼저 거문도의 군사적 중요성에 주목한 나라가 있다. 바로 영국이다. 거문도 둘째 날 답사는 영국이 거문도에 남겨 놓은 흔적을 찾아가기로 했다.

둘째 날 아침 고도민박을 나서 삼산면사무소 쪽으로 얼마 가다 보니 〈거문도 역사 공원(영국군 묘)〉이라고 적힌 표지판이 보였다. 표지판의 화살표는 〈천사미용실〉과 〈동아슈퍼〉 사이에 있는 골목 안쪽으로 들어가라고 알려 주었다. 골목길을 3백 미터쯤 걸어가자 왼편에 폐교된 거문초등학교가 보였다. 바로 이곳 인근이 영국군이 거문도를 2년여 동안 점령했을 때 주둔했던 곳이다. 영국군은 주둔지에 테니스장과 당구장을 설치했는데, 이것이 바로 우리 땅에 설치된 첫 테니스장과 당구장이라고 한다.

영국군은 러시아의 남진을 저지한다는 명분을 내세워 1885년 4월 15일 거문도를 무단으로 점거했다. 당시 영국은 지중해로 통하는 크림반도, 인도로 통하는 아프가니스탄, 태평양으로 나가는 한반도 동남해 등을 두고 러시아와 각축을 벌였다. 그러던 중 러시아가 아프가니스탄을 무단으

로 점거하자, 러시아 공격 전진 기지로 삼기 위해 거문도를 무단 점거했던 것이다.[27]

조선 조정은 항의했지만, 영국은 중국의 속방에 불과하다고 여긴 조선이 항의하는 것을 맹랑하고 가소롭게 생각해 조선을 무시하고 중국과 교섭한다는 입장을 견지했다.[28] 그사이 영국군은 거문도에서 중국 양쯔강 입구까지 해저 케이블을 가설해 전신망을 완성했다. 이 해저 케이블 육양 지점이 고도 해안에 있는데, 이번에 찾아가니 한국통신이 1992년에 설치한 표지석이 있고, 표지석에 아래와 같은 문구가 적혀 있었다.

영국의 거문도 점령 당시였던 1885년 중국 上海까지 해저 케이블이 포설된 바 있으며, 이는 이 땅에 육양된 두 번째 전기통신 시설이다. 1904년에는 일본이 사세보에서 중국의 大連까지 포설된 케이블이 이곳에서 직접 육양된 바 있다. 이는 거문도가 울릉도와 함께 극동의 통신의 요충지였음을 뜻하는 것이며 이와 같은 역사적, 지리

27　김용구, 『거문도와 블라디보스토크: 19세기 한반도의 파행적 세계화 과정』(서울: 서강대학교출판부, 2009), 55~69.
28　김용구, 위의 책, 141.

적 교훈을 잊지 않기 위해 이곳에 표지석을 세운다.

일본이 1904년 해저 케이블을 가설한 것도 러일 전쟁을 위해서였다. 영국은 2년 가까운 장기 점령에 대한 부정적 의견이 일선 외교관들과 해군성에서 나오고, 중국이 러시아로부터 조선을 점령하지 않겠다는 약속을 받아 내자 1887년 2월 27일 거문도에서 영국 국기를 내렸다.[29]

거문초등학교에서 5백 미터 더 걸어가니 거문도 역사 공원이 나왔다. 역사 공원 내 영국군 묘지에는 화강암 비석과 나무 십자가가 서 있었다. 화강암 비석에는 거문도 점령 당시인 1886년 6월 11일 폭발 사고로 사망한 수병 두 명의 이름이 새겨져 있었다. 나무 십자가는 1903년 10월 사망한 군함 알리욘호 소속 수병 알렉스 우드의 묘비다. 주한 영국 대사관 등이 세운 안내판에 따르면 영국군은 거문도를 떠난 뒤에도 1930년대까지 거문도를 드나들었고, 1885년부터 1930년대까지 영국군 10명이 거문도와 근처 해역에서 사망해 거문도에 묻혔다. 하지만 현재 영국군 묘지에 묻혀 있는 세 명 이외의 묘지는 알 길이 없다.

영국군 묘지 옆에는 〈동방의 아침〉이라는 조형물이 세워

29   김용구, 앞의 책, 162~180.

거문도 영국군 묘지.

져 있었다. 바다 쪽을 향해 고개를 숙인 듯한 추모 조형물인
데, 영국군 무단 점령 당시〈우리나라의 미약한 국력과 거문
도 주민들이 처한 안타까운 처지를 되새겨 보고, 머나먼 이
국에서 명멸해 간 영국군 병사들의 영혼을 위로하는 의미
를 담은 작품〉이라는 설명문이 답사를 마무리하는 내 심정
과 똑같아 고마웠다. 제국주의 열강의 각축에 휩쓸린 거문
도 사람들과 영국 병사들을 함께 위로하려는 그 마음가짐
이, 우리를 끝없이 괴롭히는 폭력을 줄이는 데 힘이 되는 마
음가짐 아닐까? 거문도 답사를 이런 감사와 질문으로 끝맺
음한 뒤 다시 녹동으로 가는 배에 올랐다.

제주도: 제주도에 필요한 또 하나의 특수 지도

제주도는 정말 다양한 얼굴을 가지고 있다. 누군가에게는 산, 바다, 오름, 폭포 등 멋진 자연을 품은 휴양지로, 누군가에게는 올레길 따라 걷는 힐링 공간으로, 누군가에게는 제주 4·3이 일어난 비극의 섬으로 기억될 것이다. 또한 한국전쟁 때 아내와 두 아들과 헤어지기 전 서귀포에서 잠시나마 행복한 시간을 보낸 화가 이중섭을 매개로, 전쟁이 초래한 원치 않는 이별, 가족 재회에 대한 염원 등을 생각해 보기에도 좋은 곳이 제주도다.

이렇게 많은 이야기를 품은 곳이기에 제주도에는 일반적인 관광 지도 말고, 유명한 두 가지 특수 지도가 있다. 한 가지는 ㈜제주올레가 제공하는 제주 올레길 코스 지도이고, 다른 하나는 제주 4·3 관련 지도로, 제주4·3기념사업위원회가 만든 제주 4·3 유적 지도, 제주특별자치도가 만든 제

주 4·3길 지도 등이 대표적이다. 그동안 제주도를 찾을 때마다 나 역시 저 두 지도의 도움을 받아 올레길을 걸었고, 제주 4·3 유적을 답사했다. 서귀포에 새겨진 이중섭의 흔적을 따라가는 발길도 이중섭 주거지와 이중섭 미술관 등 관련 시설이 워낙 잘 갖춰져 있어 언제나 편안했다.

그러다가 이 책을 쓰기 위해 섬으로 간 전쟁을 조사하고, 2박 3일간 제주도를 답사하면서 또 하나의 특수 지도가 있으면 좋겠다는 생각이 들었다. 정부가 2005년에 제주도를 〈세계 평화의 섬〉으로 지정한 이후 제주도는 갈등과 폭력으로 인한 상처를 치유하기 위해 노력하면서, 평화를 향한 열망을 세계로 발신해 왔다. 이런 맥락에서 볼 때 제주도의 또 다른 얼굴인 〈일제 최후의 요새〉를 확인할 수 있는 지도는 선택이 아니라 필수 아닐까? 그런 생각이 이번 답사 내내 머릿속에서 떠나지 않았다.

알뜨르 비행장에서 날아간 폭격기

448개. 일제가 제주도에 인공적으로 구축했거나 천연 동굴을 군사 시설로 활용한 동굴 진지 숫자다.[30] 제주도에 오름

---

30 〈패망 직전 일제의 발악… 제주도에 진지동굴 448개 팠다〉, 「연합뉴스」, 2021년 8월 13일(https://www.yna.co.kr/view/AKR20210812129000056).

이 360여 개 있다고 하니, 제주도에는 오름보다 훨씬 더 많은 구멍이 뚫려 있는 셈이다. 숫자로 보나 규모로 보나 제주도에는 남해 어느 섬보다 많고 커다란 동굴 진지가 남아 있다. 어쩌다 제주도가 이렇게 구멍 뚫린 섬이 되었을까?

1944년 7월 사이판이 함락되면서 일제는 미군의 본토 상륙을 경계하기 시작했다. 일제가 예상한 미군 상륙 예상 거점은 9곳이었는데, 그중 8곳이 일본 본토였고, 본토 밖에서는 유일하게 제주도가 꼽혔다. 미군이 오키나와 다음으로 제주도를 함락하고, 일본 본토로 침공할 가능성이 높다는 것이 당시 일제의 판단이었다.[31]

이에 따라 일제는 1945년 2월부터 제주도 곳곳에 본격적으로 동굴 진지를 구축하기 시작했고,[32] 그해 3월 20일에는 조선 주둔군인 제17방면군에 〈결(決)7호 작전〉 준비 명령을 하달했다. 결7호 작전이란 2~5개 사단 규모의 미군이 1945년 8월 이후 상륙할 것으로 예상되는 제주도 또는 군산 등을 방어하고, 적극적 공격까지 감행한다는 계획이었다. 작전 준비가 시작되면서 3월 말 약 3천 명이었던 제주도 병

31 츠카사키 마사유키,「제주도에서의 일본군의 〈본토결전〉 준비: 제주도와 거대 군사 지하시설」, 조성윤 엮음, 『일제 말기 제주도의 일본군 연구』(파주: 보고사, 2008), 70~71, 78~81.
32 츠카사키 마사유키, 위의 글, 72.

력이 두 달 만인 5월 말에는 약 3만 6천 명으로 무려 10배 이상 급증했는데, 증원된 병력 대부분이 동굴 진지 축성에 투입됐다.[33]

간과하지 말아야 할 점은, 일제는 이미 1930년대부터 제주도를 군사적 요충지로 활용해 왔다는 사실이다. 이를 증명하는 대표적 장소가 바로 송악산 인근 〈알뜨르 비행장〉이다.

송악산 주차장에 차를 두고, 먼저 송악산 해안 절벽에 구축된 동굴 진지를 먼발치에서 확인했다. 현재는 해안 출입이 금지돼 있기 때문이다. 송악산 해안 절벽 동굴 진지는 총 17개로, 일제 해군이 특공 소형선을 비치하기 위해 만든 시설이다. 여기에서 알뜨르 비행장으로 가려면 다시 송악산 주차장으로 올라와 길 건너편 셋알오름으로 가야 한다. 송악산 주차장에서부터 셋알오름, 섯알오름을 거쳐 알뜨르 비행장까지 가는 길은 올레길 10코스와 겹치고, 제주도에서 가장 유명한 〈다크 투어리즘〉 길이기도 하다.

셋알오름 정상부에는 일제가 1937년에 알뜨르 비행장 보

33 츠카사키 마사유키, 앞의 글, 72~75; 신주백, 「1945년 한반도에서 일본군의 〈본토결전〉 준비: 편제와 병사노무동원을 중심으로」, 『일제 말기 제주도의 일본군 연구』, 23~24.

셋알오름 일본군 고사포 진지.

호용으로 구축하고, 1943년에 미군 폭격에 대응하기 위해 정비한 고사포 진지 두 곳이 남아 있다. 올레길 10코스라서 평일인데도 많은 사람이 오갔다. 그런데 대부분 안내판과 진지에는 시선을 오래 두지 않는 것 같았다. 조금은 바빠 보이는 저 사람들의 발걸음이 일제 군사 시설에 잠시라도 머물게 하려면 어떻게 해야 할까? 이런 숙제를 안고 다시 섯알오름을 향해 걸었다.

일제 강점기 섯알오름에는 일본군 탄약고가 있었는데, 한국 전쟁 초기인 1950년 7~8월 제주 서부 지역 예비 검속자 252명이 바로 이 탄약고 터에서 학살당했다. 제국주의에서부터 한국 전쟁까지 우리 민족이 20세기 초에 겪은 대규모 폭력이 중첩된 장소인 셈이다.

섯알오름 학살 터를 지나 직선으로 뻗은 길을 2백 미터쯤 걸어가니 탁 트인 들판이 나오면서 곳곳에 거대한 돔형 콘크리트 구조물이 보였다. 바로 알뜨르 비행장 격납고다.

일본 해군은 만주 사변 직전인 1931년 3월 제주도 사람들이 〈알뜨르〉라고 부르는 제주도 서남부 모슬포 평야에 비행장을 건설하기 시작했다. 약 60만 제곱킬로미터 규모의 비행장을 완성하기까지 5년이 걸렸다. 일제는 1937년 8월 중국과 전면전에 돌입하면서 알뜨르 비행장을 난징, 상하이 등을 폭격하는 기지로 사용했다. 그해 11월 일본이 상하이 부근을 점령해 비행장을 확보하면서 알뜨르 비행장에서의 출격은 멈췄지만, 그사이 이곳에서 3백 톤에 달하는 폭탄이 폭격기에 실려 난징으로 날아갔고, 그 폭탄에 수많은 난징 시민이 살상됐다.[34]

일제는 알뜨르 비행장에 격납고 총 20기를 만들었는데, 현재 19기가 남아 있고, 그중 10기는 국가 등록 문화재로 관리되고 있다. 격납고 중 한 곳에는 모형 비행기가 들어가 있고, 비행기 동체에 이곳을 다녀간 사람들이 남긴 메시지가

34   츠카사키 마사유키, 앞의 글, 64~65.

알뜨르 비행장 격납고.

적힌 리본이 걸려 있었다. 한·중·일 3국 사람들이 함께 이
곳을 찾아 20세기 초 전쟁을 성찰하고, 평화를 향한 노력을
다짐하면 좋겠다.

격납고를 돌아본 뒤 올레길 표식물을 따라가니 알뜨르
비행장 관제탑 유적이 나왔다. 난간 없는 가파른 계단을
올라가자 지금은 밭으로 변한 광활한 활주로가 한눈에 들
어왔다. 안내판에는 당시 남북 방향 길이 1천4백 미터, 폭
70미터짜리 활주로와 3천5백 미터, 2천5백 미터짜리 유도
로(항공기 이동로)가 있었다고 적혀 있었다.

관제탑에서 오른쪽으로 역시 올레길을 따라 2백 미터쯤

걸어가자 일제가 비행대 지휘소 또는 통신소로 썼을 것으로 추정되는 지하 벙커가 나왔다. 남북 방향 길이 30미터, 너비 20미터 정도 크기인데, 중간 지점에 지상부로 연결되는 통로가 세 곳 있었다. 흙과 나무로 은폐돼 있어 멀리서 보면 작은 언덕 같았다. 그런데 올레길에서 1백 미터쯤 벗어나 있기 때문인지, 표지판이 있는데도 지하 벙커까지는 사람들의 발길이 좀처럼 닿지 않는 듯했다.

이렇게 알뜨르 비행장 답사를 마치고 지하 벙커에서 돌아 나와 길을 되짚어 셋알오름 아래쪽에 있는 동굴 진지를 찾아갔다. 알뜨르 비행장 지원 시설인 이곳에는 내부에 전투사령부, 병사, 탄약고, 연료고, 비행기 수리 공장, 어뢰 조정고, 통신실 등이 있었다고 한다.

안내판을 보니 입구는 총 5개이고 안에서 모두 연결된 구조로, 지금까지 내가 만난 동굴 진지 중 가장 큰 규모였다. 실제로 제주도 동굴 진지 중에서도 동공(洞空) 크기가 가장 크다고 한다. 하지만 안타깝게도 들어가지는 못했다. 입구 5개 중 3개는 이미 예전부터 붕괴 위험이 있어 막아 놨고, 나머지 2개도 출입문을 굳게 닫아 놨기 때문이다. 안내판에 제주도 세계유산본부 전화번호가 있기에 전화를 걸어 물어보니 붕괴 위험 때문에 막아 놨는데, 언제 다시 열지는 확답

할 수 없다고 했다.

아쉬운 마음을 뒤로하고 송악산 둘레길 쪽으로 발길을 옮겼다. 송악산 둘레길에서는 몇 걸음 걸을 때마다 양옆으로 동굴 진지 입구가 나타났다. 오르내리며 사진찍기 바쁠 정도로 입구가 많았는데, 안내판에는 동굴 진지 총 13개, 출입구 총 41개, 총길이 1,433미터짜리 대규모 시설이 송악산 바깥쪽에 테처럼 구축돼 있다고 적혀 있었다. 그래서 이곳을 〈송악산 외륜(外輪) 일제 동굴 진지〉로 부르는가 보다. 이 시설은 셋알오름 고사포 진지와 함께 알뜨르 비행장 방어를 위해 만든 시설이었다.

알뜨르 비행장, 가파도, 마라도가 차례대로 보이는 송악산 둘레길을 걸어 주차장으로 내려가다 보니 형제섬 쪽을 향해 있는 동굴 진지 두 곳이 또 나타났다. 관광객이 워낙 많이 오가는 길가에 있어서 그런지 셋알오름 고사포 진지나 알뜨르 비행장 지하 벙커보다는 사람들의 관심이 높아 보였다. 사진도 많이 찍고 서로 궁금해하며 안내판을 읽는 모습을 보면서 종일 답사하며 쌓인 피로가 조금은 풀리는 듯했다.

성산을 진짜 성으로 만든 일제

제주시 숙소에서 푹 자고 아침 일찍 성산 일출봉을 향해 출발했다. 일출봉은 정말 많은 사람이 찾는 유명 관광지다. 하지만 일출봉 아래 해안 절벽에 일제 동굴 진지가 18개나 뚫려 있다는 사실은 일출봉의 유명세에 비해 그리 알려지지 않았다. 10여 년 전 가족과 성산 일출봉에 처음 왔을 때 나 역시 이곳에 일제 군사 시설이 있다는 사실을 전혀 몰랐다.

이후 강의나 회의로 제주도 출장이 잦았어도 성산 일출봉 쪽으로 올 일은 없었다. 그러다가 10여 년 만에 다시 찾은 일출봉은 여전히 안녕했다. 일출봉 주차장에 차를 대고 전망대 방향이 아닌 해안 방향으로 발길을 옮기자 곧 〈아픈 역사, 일제 동굴 진지〉라는 안내판이 나왔다. 안내판에 따르면 일출봉 해안 동굴 진지 총길이는 514미터로, 제주도 일제 특공 기지 가운데 가장 긴 규모다. 이 동굴 진지 역시 송악산과 마찬가지로 1945년 2월부터 본격적으로 구축됐다.

첫 번째 동굴 진지 쪽으로 더 걸어가니 입구 옆에 좀 더 상세한 안내판이 세워져 있었다. 동굴 진지 18개 중에 〈일(一)자형〉은 15개, 벙커형은 2개, 입구가 세 곳인데 안에서 연결된 〈왕(王)자형〉은 1개이고, 잠수정, 어뢰정, 모터 선박 같은 특공 병기를 보관했다고 적혀 있었다. 특히 이곳은 제주도민보다 전남 광산 노동자를 동원해 구축했다는 설명이 눈에 띄었다.

성산 일출봉 해안 절벽의 일제 동굴 진지.

　10여 년 전 나처럼 사람들의 눈길과 발길은 주로 일출봉 정상, 일출봉에서 가까운 우도 등을 향했고, 이곳 해안에는 사람이 거의 없었다. 동굴 진지 모습을 사진으로 남기기에는 좋았지만, 그래도 저 많은 관광객에게 이곳을 보여 주고 싶은 아쉬움이 남았다. 그래서인지 왕자형 동굴 진지를 답사 중인 10여 명이 더 반갑고 고마웠다. 만조라서 해안선까지 물이 들어와 10번째 동굴 진지까지만 갔다가 돌아 나와야 했다. 나머지 동굴 진지는 간조에 가야 볼 수 있을 것 같다. 동굴 진지 앞 바다에는 특공 병기 유도로도 남아 있었다.

　성산 일출봉은 등산로가 있는 서북쪽 사면을 제외한 나

머지 모든 사면이 직벽에 가깝게 깎여 있고, 산 정상에는 바위가 병풍처럼 둘러쳐져 있다. 성산(城山)이란 바위가 둘러쳐진 모습이 마치 성(城) 같아서 붙은 이름이다. 그런데 실제로 이곳은 삼별초가 진도에서 패전한 뒤 제주도에 들어와 토성을 쌓고 여몽 연합군에 대항했던 곳이다. 조선 시대에는 봉수대가 설치되기도 했다. 일제 역시 이곳 해안에 동굴 진지를 무려 18개나 구축하며 성산 일출봉을 진짜 성(城), 그러니까 요새로 만들어 미군 상륙에 대비했다. 일출봉 관광 안내소 안내판에 삼별초와 조선 시대 사연은 적혀 있지만, 일제가 이곳을 요새화한 내용은 없었다. 안내판에 이런 내용까지 들어가면 사람들의 발길과 눈길이 해안으로 좀 더 많이 향하지 않을까?

오후에는 북촌마을 인근 서우봉 일제 동굴 진지를 찾았다. 북촌마을은 대표적인 제주 4·3 학살지로, 현기영의 소설 『순이삼촌』 무대이기도 하다. 마을 입구 〈너븐숭이 4·3 기념관〉과 기념관 앞 애기무덤, 순이삼촌비 등에는 자주 갔으나, 마을 안으로는 이번에 처음으로 들어갔다. 서우봉은 너븐숭이 4·3 기념관에서 출발하는 〈북촌마을 4·3길〉의 첫 번째 답사 장소이기도 하다. 제주 4·3 당시 서우봉에서 바닷가로 향한 해안 절벽(몬주기알)에서 민간인이 희생당했고, 절벽 아래 천연 동굴은 인근 마을 주민의 피난처였기 때문이다.

기념관 바로 옆에서부터 〈서우봉(일제 진지 동굴, 몬주기알) 가는 길〉이라고 적힌 표지판이 곳곳에 세워져 있어 찾아가기는 어렵지 않았다. 야트막한 돌담이 놓인 조용한 골목을 잠시 걷다 보니 해동포구가 나왔고, 해동포구를 지나 2백여 미터 언덕길을 오르자 〈제주 서우봉 일제 동굴 진지〉 안내판과 빨간색 화살표 모양 표지판이 나타났다. 서우봉 일제 동굴 진지는 총 20개로, 서우봉 중턱에 3개, 해안에 17개가 있다. 동굴 진지 총길이는 약 340미터에 달한다. 이곳 동굴 진지 중에서는 중턱에 있는 왕자형 동굴 진지가 내부 길이 1백 미터로 규모가 가장 크다. 마을 사람들은 이곳을 〈삼형제굴〉이라 부른다고 한다.

화살표 모양 표지판이 가리키는 쪽으로 들어가서 울창한 숲길을 30미터쯤 걸으니 〈동굴 입구(내륙)〉과 〈동굴 입구(해안)〉이라고 적힌 표지판이 있는 갈림길이 나왔다. 먼저 〈동굴 입구(내륙)〉 쪽으로 갔다. 규모가 가장 크다는 왕자형 동굴 진지 입구 세 곳이 차례대로 보이고, 숲길 안쪽으로 더 들어가자 또 다른 동굴 진지 입구 두 곳이 보였다. 동굴 진지 입구에는 모두 〈붕괴 위험 지역〉이라는 경고판과 가급적 출입하지 말라는 의미가 담긴 목책이 세워져 있었다. 혼자 답사 다니던 중이라서 안전을 생각해 동굴 진지 안으로는 들어가지 않았다.

아까 지나온 갈림길로 돌아와서 이번에는 해안으로 갔다. 그런데 이곳 해안 동굴 진지는 일출봉에 비해 훨씬 접근하기 어려웠다. 일출봉 해안 동굴 진지는 모래사장과 평평한 바위 지대를 따라가며 볼 수 있는 데 비해, 서우봉 해안 동굴 진지는 울퉁불퉁 놓여 있는 꽤 커다란 바위들을 온 신경을 집중해 조심스레 밟으며 지나가야 했다. 이곳 동굴 진지들 입구에도 붕괴 위험을 알리는 경고판과 목책이 있었고, 동굴 입구에는 아예 철문을 설치하고 자물쇠까지 채워져 있었다. 한눈에 봐도 서우봉 중턱보다 붕괴 위험이 높음을 알 수 있었다.

등산객 쉼터가 된 토치카

제주도 답사 셋째 날 목적지는 어승생악과 사라봉으로 잡았다. 어승생악은 한라산 어리목 탐방로 입구에 있는 오름으로, 〈결7호 작전〉을 위해 새로 편성된 일본 제58군사령부가 미군과 전투 개시 시 사령부 후보지로 점찍었던 곳이다. 미군 상륙 예상 지점을 한눈에 볼 수 있는 위치였기 때문이

6장 제주도: 제주도에 필요한 또 하나의 특수 지도

다.[35] 해안의 1차 방어선, 제주 시내의 2차 방어선이 뚫리면 어승생악과 한라산 정상 부근 윗세오름 등지에서 최후까지 저항하겠다는 것이 당시 일제의 계획이었다.[36]

어리목 탐방 안내소 주차장에 차를 세우고, 어승생악 탐방로를 따라 한 시간 정도 올라 해발 1,169미터 어승생악 정상에 도착했다. 탐방로의 경사가 심하지 않아 산책하듯 편하게 오를 수 있었다. 내가 갔을 때는 안개가 오락가락하는 날씨라서 시야가 좋지 않았는데, 쾌청한 날에는 정상에서 제주시뿐 아니라 제주시 동쪽 조천과 서쪽 애월, 한림까지도 맨눈으로 볼 수 있는 요충지였다. 일제는 바로 이곳에 토치카 두 곳을 구축하고, 정상부 아래 능선에는 동굴 진지 세 개를 구축해 미군과의 결전에 대비했다.

각 토치카는 총안(銃眼) 두 개와 외부로 돌출된 관측 시설 한 개로 이루어져 있고, 두 토치카를 안에서 오갈 수 있는 구조다. 토치카 안내판 평면도에는 외부로 돌출된 시설물이 〈환풍구〉라고 적혀 있는데, 내부에 철제 사다리가 남아 있는 걸로 보아 관측 시설이 확실한 것 같다. 평면도 수정이

---

35 조성윤, 「일제 말기 제주도 주둔 일본군과 전적지」, 『일제 말기 제주도의 일본군 연구』, 138~139, 147.

36 강순원, 「태평양 전쟁과 제주도 내 일본군 군사유적의 실태」, 『일제 말기 제주도의 일본군 연구』, 166~167.

어승생악 정상에 있는 일본군 토치카.

필요해 보였다. 두 토치카 입구 중 현재 한 곳 입구만 개방돼 있는데, 진입 계단을 통해 들어가니 5~6명이 머무를 정도로 넓고 견고한 시설이었다. 폐쇄된 토치카 관측 시설은 등산객이 떨어지지 않도록 나무 덮개로 막아 놨는데, 정상에 오른 등산객의 쉼터로 요긴하게 쓰이고 있었다.

다시 어리목 탐방 안내소로 돌아와서 사라봉으로 가는 길에 2021년 12월 개원한 국립제주호국원에 잠시 들렀다. 국립제주호국원은 일제 강점기 독립 유공자, 한국 전쟁기 참전 용사, 그리고 독재 시기 민주화 유공자까지 모두 함께 안장할 수 있는 첫 통합형 국립묘지다. 개원한 지 얼마 지나지 않아 아직 묘역 조성 공사가 한창이었다. 제주도 모양 제단, 현무암 타일로 제주도 주상절리를 형상화한 배면부 등이 인상적인 현충탑 앞에서 독립, 호국, 민주를 위해 희생한 모든 이의 명복을 빌었다.

제주항 바로 뒤에 있는 사라봉은 현재 제주 시민의 휴식처로 체육 시설, 산책로 등이 잘 조성돼 있지만, 일제 강점기 때는 일제의 주요 진지 중 하나였다. 일제는 육군 동비행장(진드르 비행장), 서비행장(정뜨르 비행장, 현재 제주국제공항), 산지항(현재 제주항) 등을 방어하기 위해 사라봉 곳곳에 구멍을 뚫었는데,[37] 현재 8개의 동굴 진지가 남아있다.

사라봉 일제 동굴 진지를 쉽게 찾아가려면 건입동 공영주차장에 차를 세우면 된다. 올레길 18코스이기도 한 산책로 돌계단을 잠시 올라가니 산책로 좌우로 연이어 동굴 진지가 나타났고, 정상부에도 두 개가 있었다. 동굴 진지 목책주변에서는 시민들이 운동 기구를 이용해 건강 관리에 한창이었다. 이처럼 평안한 시민의 일상이 다시는 전쟁으로 파괴되지 않기를 기원하며 길을 되돌아왔다.

공영 주차장에서 공항으로 가기 전 산책로 입구에 세워

37 강순원, 앞의 글, 176.

사라봉 산책로 옆 일제 동굴 진지.

진 건입동 안내도, 사라봉 공원 안내도 등을 유심히 보니 동굴 진지가 표시돼 있지 않았다. 산책로를 걷다 보면 쉽게 볼 수 있는 곳에 있기 때문일까? 제주도 답사 동안 무너져 가는 동굴 진지를 많이 봐서인지, 이제는 일제가 제주도에 가한 상처를 확인할 시간이 많이 남지 않았다는 생각이 들면서 조금 아쉬웠다. 일제 군사 시설 지도라는 특수 지도가 빨리 만들어지면 좋겠다.

　　　　　　　　　6장 제주도: 제주도에 필요한 또 하나의 특수 지도

7장

소록도: 무지와 선입관이 충첩된 폭력의 무대

갈등과 폭력은 특정한 개인, 집단, 국가의 정체성이 타자의 정체성과 부딪칠 때 발생한다.[38] 그런데 이러한 갈등과 폭력이 〈전쟁〉이라는 극단적 형태로만 나타나는 것은 아니다. 타자의 정체성에 대한 선입관이나 편견에 기반해 타자를 차별하고 배제하는 행위도 전형적인 폭력이다. 이 책을 준비하며 소록도에 꼭 가야겠다고 생각한 것도 이 때문이다. 타자의 정체성에 대한 무지와 선입관이 그들의 평화를 어떻게 파괴하는지 직시하고 싶으면 반드시 소록도에 가봐야 한다.

하지만 코로나19 탓에 소록도 방문은 여의치 않은 상황이었다. 소록도는 전체가 국립소록도병원으로 지정돼 있

---

38   이찬수, 『세계의 분쟁: 평화라는 이름의 폭력들』(서울: 모시는사람들, 2019), 29, 23~26.

는데, 한센인 거주 지역뿐 아니라 관광지였던 중앙 공원, 직원 지대까지 일반인 출입이 모두 금지됐기 때문이다. 그래도 방법이 있지 않을까 고민하던 차에 또다시 귀인을 만났다. 줌ZOOM으로 공무원 대상 원격 강의를 하던 중 노트북 화면에서 〈국립소록도병원〉으로 소속 기관을 적은 수강생이 있어, 얼마 뒤 직접 연락해 고민을 토로했더니 흔쾌히 방문을 주선해 주겠다고 했다.

그렇게 P와 인연이 닿은 덕분에, 그리고 코로나19 확산세가 조금 잠잠해진 덕분에 2022년 9월 중순 김포공항에서 직장 동료와 여수공항행 비행기를 탈 수 있었다.

한센인은 세 번 죽는다

이번 소록도 답사는 섬에 최대한 오래 머물기 위해 가장 빠른 이동 방법을 택했다. 김포공항에서 여수공항으로 한 시간 정도 날아가 렌터카를 타고 다시 한 시간 조금 넘게 이동해 소록도 입구 녹동항에 도착했다. 녹동항 인근에는 몇 달 전 거문도행 배를 탔던 녹동 신항 여객선 터미널이 있다.

녹동항에 도착하니 P가 J와 함께 기다리고 있었다. P와 J는 소록도 역사 쓰기를 같이하는 동료다. J는 점심을 먹기 위해 식당에 앉자마자 내게 왜 평화 답사 장소로 소록도를 택했는지 물었고, 나는 이 글 앞부분에 적은 대로 대답했다. P와 J는 내 대답이 만족스러운 듯 보였고, 짧은 면접을 잘 통과한 덕분에 나와 동료는 1박 2일 내내 P와 J로부터 큰 은혜와 가르침을 받았다.

점심 식사 뒤 숙소인 〈마리안느·마가렛 나눔 연수원〉에 짐을 풀었다. 마리안느·마가렛 나눔 연수원은 소록도에서 1960년대부터 2005년까지 40여 년간 한센인과 그 자녀들을 위해 헌신한 오스트리아 간호사 마리안느와 마가렛을 기리기 위해 녹동에 세워진 연수 시설이다. 원내에는 〈마리안느와 마가렛 기념관〉도 있다. 치매 증세가 있는 마가렛은 2013년부터 지역 양로원에서 생활하고 있고, 마리안느는 국립소록도병원 개원 100주년인 2016년에 소록도를 다시 찾았다.[39] 현재는 (사)마리안마가렛이 두 사람의 헌신을 세상에 알리기 위해 노력 중이다.

소록도는 2009년에 소록 대교가 완공되어 육지와 연결됐다. 소록 대교를 건너 처음 찾아간 곳은 2016년 개관한 한센병 박물관이다. 박물관 2층 P와 J의 사무실에서 차를 마신 뒤 전시실을 돌아보며 처음 받은 가르침은 한센인의 연이

---

39 성기영, 『소록도의 마리안느와 마가렛: 우리 곁에 사랑이 머물던 시간』 (고양: 예담, 2017).

은 죽음에 대한 것이었다.

J는 한센인이 세 번 죽는다면서 첫 번째 죽음은 발병으로 인한 사회적 죽음이고, 두 번째 죽음은 생을 마감한 뒤 시신이 해부당하는 것이고, 세 번째 죽음은 가족과 고향으로 돌아가지 못한 채 소록도에서 화장당하는 것이라고 했다. 전시실은 그중에서 첫 번째 죽음, 곧 무지와 선입관에 따른 사회적 차별과 배제의 고통을 관람객에게 알려 주기 위해 애쓰고 있었다.

예를 들면 1960년대 한센인 정착촌 추진 과정에서 기존 학부모들의 강한 반발로 한센인 자녀 공학(共學)이 거부되면서, 그리고 1991년 3월 경북에서 〈개구리 소년들〉이 실종됐을 때 언론이 한센인 마을에 소년들이 암매장됐다는 허위 제보를 사실 확인 없이 보도하면서 한센인의 상처가 더욱 깊어졌다는 사실을 전시실에서 알 수 있었다. 전시실에는 이 밖에도 인류의 한센병 극복 역사, 소록도 한센인의 의식주와 교육, 국립소록도병원 역사 등과 관련된 물건과 패널이 전시돼 있고, 봉사자와 후원자를 기리는 공간도 있었다. 조용필도 이곳에서 노래로 한센인을 위로한 사실을 알고 가왕(歌王)에 대한 존경심이 더욱 커졌다.

박물관을 나온 우리 일행은 한센인 거주 지역에 있는 자혜의원으로 향했다. 자혜의원은 일제가 1916년에 만든 한센인 의료 시설로, 이후 소록도갱생원, 국립소록도병원으로 이어졌다. 자혜의원 바로 앞에는 〈하나이 원장 창덕비〉가 세워져 있는데, 이 창덕비는 국경을 뛰어넘는 인간애를 잘 보여 준다.

일본인 하나이 젠키치는 1921년부터 1929년까지 소록도병원 제2대 원장으로 일하다가 소록도에서 생을 마쳤다. 그는 한센인에게 강요됐던 일본식 생활양식을 폐지하고, 한센인 본가와의 통신이나 면회, 자유로운 신앙 생활 등을 허용했으며, 한센인에게 교육 기회도 제공했다. 한센인들은 이러한 공적을 기리기 위해 창덕비를 세웠다. 그러나 해방 이후 이승만 정부는 친일 잔재를 청산한다며 창덕비를 부수려 했다. 한센인들은 이 창덕비를 지키기 위해 몰래 땅에 파묻었다가 훗날 다시 발굴해 중앙공원 앞에 세운 뒤 현재 위치로 옮겨 왔다.

하나이 원장 창덕비 앞에서 받은 감동을 뒤로하고 한센인 범죄자만 격리 수용했던 순천교도소 소록지소 터를 찾았다. 일제가 1930년대에 지은 건물이 지금도 많이 남아 있고 보수 공사가 진행 중인 곳도 있었는데, 제단이 있는 일본식 중정이 특히 이채롭게 보였다. 교도소 터를 나와 섬 북쪽

하나이 원장 창덕비.

화장장으로 향했다. 소록도 한센인이 세 번째 죽음을 맞이했다는 화장장에서 잠시 쉬며 마음속으로 한센인의 명복을 빌었다.

다음 목적지는 섬 남쪽 동생리 선착장에 있는 식량 창고였다. 소록도병원 제4대 원장 스오 마사스에는 1933년 부임해 소록도 시설 확장 공사에 전념했는데, 그중에서도 가장 큰 토목공사가 바로 동생리 선착장 공사였다.[40] 녹동에서 가까운 섬 동북쪽에 이미 선착장이 있었지만, 스오는 이 선착장에서 섬 서쪽 병사 지대까지 물건을 나르기 번거롭고, 한센인들이 물건 운송을 위해 직원 지대를 왕래하는 걸 직원들이 좋아하지 않는다는 이유 등을 들어 한센인을 동원해 동생리 선착장 공사를 진행했다.[41] 1940년에 지어진 식량 창고는 높이 4.5미터짜리 장방형 붉은 벽돌조 건물인데, 건물 정면 외벽만 육지에 있고, 나머지 외벽은 바다 위에 세워진 독특한 구조였다. 바다와 면하고 있는 외벽 아랫부분에는 식량 보존을 위한 환기구가 뚫려 있었다.

---

40   국립소록도병원, 『사진으로 보는 소록도 100년: 한센병 그리고 사람, 백년의 성찰』(고흥: 국립소록도병원, 2017), 98~104.
41   김재현, 『소록도 100년의 이야기 1916 – 2016』(서울: 키아츠KIATS, 2016), 81~82.

동생리 선착장 식량 창고.

　동생리 선착장을 떠나 현재 한센인 4백여 명이 모여 사는 마을 안으로 들어가니, 마당에 근사한 후박나무가 있는 소록도 성당이 우리를 맞이해 줬다. 성당 안에는 교황 요한 바오르 2세가 1984년에 소록도를 방문했을 때 앉은 의자가 놓여 있었다. 성당을 나와 한센인이 다닌 녹산초등학교 건물, 다세대 연립 형태인 한센인 주택 등을 살펴본 뒤 한센인이 세 번째 죽음 뒤에야 비로소 안식을 취한 〈만령당〉으로 발길을 옮겼다.

　1937년 건립된 만령당은 한센인의 유해를 나무상자에 보관하는 납골당이다. 높이 15미터로 일본 보탑(寶塔)을 모방해 몸통은 콘크리트 원통형으로 만들어졌고, 지붕은 갓을 씌운 형태였다. 정면에는 망자에게 배향할 수 있는 감실이 있었다. 국립소록도병원이 2021년 10월 17일에 추도식을 하며 만령당 전면에 걸어 둔 현수막이 그대로 있었는데, 그 덕분에 당시까지 이곳에 1만 1,117위가 모셔져 있다는 사실을 알게 됐다.

P와 J가 만령당 다음으로 우리를 안내한 곳은 1935년에 지어진 국립소록도병원 공회당이었다. 이곳은 스오 원장의 폭정을 멈추겠다며 그를 살해한 이춘상이 재판을 받은 장소다. 스오는 높이 3.3미터, 무게 2.6톤에 달하는 자신의 동상을 일본에서 제작해 중앙공원에 세운 뒤, 매달 20일을 보은감사일로 정해 한센인이 이 동상에 참배하도록 했다. 참배 뒤에는 스오의 훈시가 이어졌다. 1942년 6월 20일, 이날도 스오가 훈시를 위해 동상을 향해 갈 때 갑자기 한센인한 명이 손에 칼을 들고 쏜살같이 나타나 스오의 흉부를 찔러 살해했다. 그가 바로 이춘상이다. 이춘상은 대구형무소에서 1943년 2월 19일 사형당했다.[42]

---

42   국립소록도병원, 『사진으로 보는 소록도 100년: 한센병 그리고 사람, 백년의 성찰』, 35; 국립소록도병원, 『소록도 100년: 한센병 그리고 사람, 백년의 성찰 – 역사편』(고흥: 국립소록도병원, 2017), 146.

소록도에 남겨진 폭력의 흔적들

가는 곳마다 감동과 깨달음을 얻은 첫째 날 답사를 마치고 숙소에서 하룻밤을 보낸 뒤 맞이한 둘째 날 아침. 방 커튼을 열자마자 통창으로 보이는 소록도가 맑디맑은 초가을 하늘을 배경으로 어서 다시 찾아오라고 손짓했다.

둘째 날 답사는 직장 동료와 둘이서 〈마리안느와 마가렛 기념관〉을 관람하는 것으로 시작했다. 40년 넘게 한센인의 상처를 어루만지고 치료했던 두 사람의 손이 동판에 새겨져 있고, 한센인들이 두 사람 이름 첫 글자를 따 〈M치료실〉이라고 불렀다는 치료실 사진, M치료실에서 두 사람이 사용한 기구 등도 전시돼 있었다. 두 사람이 소록도로 올 때 가져온 짐가방과 떠날 때 남기고 간 편지도 둘의 〈시작과 끝〉이라는 주제로 전시하고 있었다.

이날은 J의 안내로 직원 지대와 중앙공원을 돌아볼 계획이었는데, 약속 시간보다 조금 일찍 소록도에 도착해 〈수탄장(愁嘆場)〉을 찾았다. 수탄장은 직원 지대와 병사 지대 경계에 있는 소나무길인데, 무슨 일이 있었기에 〈근심하며 탄식하는 곳〉이란 이름을 얻었을까?

한센병은 유전되지 않고 전염성이 매우 약한 병이다. 그런데도 일제는 20세기 초부터 한센인이 결혼하려면 단종

마리안느·마가렛 나눔 연수원에서 바라본 소록도와 소록 대교.

수술을 받도록 하고, 한센인을 사회로부터 격리하는 정책을 고수했다. 한센병에 대한 무지, 전쟁 수행을 위해 우수한 국민을 육성한다는 목적 등이 결합된 만행이었다.[43] 일제는 소록도에서도 자혜의원을 개원한 이래 부부 별거제를 시행했다. 그러다가 이 제도가 많은 문제를 낳자 1936년에 부부 동거를 허용하는 대신, 동거 조건으로 단종 수술을 못 박았다. 반인권적 단종 수술은 광복 이후에도 계속됐다.[44]

43   김재현, 앞의 책, 93~95.
44   국립소록도병원, 『소록도 100년: 한센병 그리고 사람, 백년의 성찰 - 역사편』, 117~118.

슬픔을 간직한 수탄장의 모습.

　이처럼 무지와 선입관이 지배하는 분위기에서 발병하지
않은 자식은 부모와 떨어져 직원 지대 보육소에서 생활했
고, 강제로 헤어진 부모와 자식은 한 달에 한 번 수탄장에서
만났다. 수탄장에서도 부모와 자식은 서로 눈으로만 볼 뿐
만질 수 없었고, 혹시 모를 전염을 막기 위해 자식은 바람을
등지고, 부모는 바람을 맞고 서 있어야 했다.[45] 자식을 어루
만지지도 안지도 못하는 부모의 비통함, 부모 품에서 어리
광도 부리지 못한 채 보육소로 돌아가는 아이의 뒷모습이
떠올라 수탄장을 걷는 내내 마음이 무거웠다.

45　국립소록도병원, 앞의 책, 157.

J와 다시 만나서 맨 먼저 간 곳은 소록도 선착장이었다. 녹동항과 가장 가까이 마주 보는 소록도 선착장은 소록대교가 개통되기 전까지 출입구 역할을 했다. 선착장 오른쪽에 자리한 〈순록탑〉은 제국주의에 이어 소록도를 덮친 또 다른 대규모 폭력을 증언하고 있었다.

1950년 8월 5일 조선인민군이 소록도를 점령한 뒤 북한에서 내려온 보안 요원들과 당원들이 섬을 장악했다. 이들은 김상태 원장과 간부 및 직원 14명을 고흥 정치보위부에 감금했다가 9월 29일 조선인민군이 퇴각할 때 11명을 사살했다.[46] 소록도병원은 이때 희생된 사람들을 기리기 위해 1978년에 이 탑을 세웠다. 순록탑에는 희생자 11명의 직위와 이름이 새겨져 있었다.

선착장을 둘러본 뒤 본격적으로 직원 지대를 돌아봤다. J는 먼저 소록도 갱생원 신사로 우리를 안내했다. 1935년 건립된 신사는 예배에 사용되는 배전(拜殿)과 신체가 봉안된 본전(本殿)으로 이루어져 있었다. 한센인은 이곳에서 매월 1일과 15일에 참배해야 했고, 부부 동거를 허가받아 부부 병사에 들어가기 전에도 참배를 강요받았다. 한센인의 육체뿐 아니라 정신까지 지배하려 한 일제의 악의가 그대로 묻

46　국립소록도병원, 앞의 책, 160~162.

어 있는 장소였다.

신사를 나와 소록도 갱생원 사무 본관과 강당을 살펴본 뒤 원장 관사로 발길을 옮겼다. 원장 관사는 바다가 내려다보이는 구릉지에 있었다. 누가 봐도 원장 관사 자리라고 생각할 정도로 전망 좋은 곳이었다. 1층짜리 주거용 건물과 2층짜리 객실용 건물이 복도로 연결된 구조인데, 응접실 한쪽 벽에 벽난로가 설치돼 있고 마당에는 일본식 중정이 꾸며져 있었다.

일제가 한센인에게 가한 폭력의 정점에 있던 이의 공간이 원장 관사라면, 다음으로 찾은 〈마리안느와 마가렛 집〉은 한센인을 향한 헌신과 사랑의 정점에 있던 이의 공간이라고 할 수 있다. 작고 소박한 방에는 마리안느가 쓰던 카세트와 즐겨 듣던 테이프가 남아 있었다. 마리안느와 마가렛은 마스크와 장갑을 단단히 낀 채 환자와 최대한 거리를 두고 펜으로 환자의 신체 부위를 가리키며 진료하던 여느 의료진과 달리 한센인의 상처를 맨손으로 만지고, 상처 냄새를 맡고, 피고름을 직접 짜내고, 맨손으로 약을 발라 줬다. 무엇보다 그들은 어떤 두려움도 깃들지 않는 눈빛으로 한센인을 바라봄으로써 선입관 없는 온전한 시선을 그리워하던 한센인들에게 감동을 주었다.[47]

두 사람의 헌신에 다시 한번 마음속으로 고마움을 전한 뒤 중앙공원을 향해 출발했다. 병원 본관에서 중앙공원 쪽으로 걷다 보니 오른쪽에 한센인 인권 탄압을 상징하는 감금실과 검시실이 보였다.

1935년 지어진 감금실은 한센인을 강제로 가둬 놓고 감식(減食), 금식(禁食), 체형(體刑) 등을 했던 곳이다. 감금실은 건물 두 동이 회랑으로 연결된 H자 구조이고, 주위에는 붉은 벽돌로 담을 높이 쌓아 바깥과 격리했다. 소록도 갱생원의 부당한 처우와 박해에 항거한 사람들은 이곳에서 사망하거나 불구가 됐고, 출감할 때는 단종 수술까지 받았다고 한다. 한센인 시신을 해부하던 검시실은 감금실과 붙어 있는 한 동짜리 건물로, 건물 안에 검시대와 세척 시설이 그대로 보존돼 있었다. 특히 해부할 때 피가 한곳으로 모이게끔 홈을 파둔 검시대는 잠깐 봤는데도 오랜 시간 잔상으로 남아 마음이 괴로웠다.

검시실을 지나 조금 더 걸어가니 중앙공원이 나왔다. 1940년에 조성된 중앙공원 역시 소록도 한센인의 피땀이 짙게 배어 있는 장소다. 한센인들은 구릉지를 깎아 낮은 곳

47   성기영, 『소록도의 마리안느와 마가렛: 우리 곁에 사랑이 머물던 시간』, 149~153.

을 메우는 토공 작업과 섬 북쪽 십자봉에서 이곳까지 조경수와 돌을 나르는 가혹한 노동에 시달렸다. 또한 득량만, 완도, 소록도 주변 섬에서 가져온 커다란 암석을 통나무를 깔고 목도로 운반하는 일에도 동원되었다.[48]

현재 중앙공원 가운데에는 〈한센병은 낫는다〉는 문구가 적힌 〈구라탑(求癩塔)〉이 세워져 있고, 구라탑 뒤편 잔디밭에는 이춘상 6·20 의거 기념비, 한센병을 앓았던 시인 한하운(1920~1975)의 대표작 〈보리피리〉가 새겨진 시비, 개원 40주년 기념비 등이 모여 있었다. 개원 40주년 기념비 자리는 스오 동상이 서 있던 곳이었다. 스오 동상은 태평양 전쟁때 전쟁 물자로 징발됐다고 한다. 소록도에서 헌신한 세 명의 간호사 마리안느, 마가렛, 마리아의 업적을 기리는 〈세마공적비〉도 만날 수 있었다.

당신들의 천국

이렇게 소록도 답사를 모두 마친 뒤 나와 직장 동료는 P, J와 박물관 사무실에서 다시 마주 앉았다. P와 J는 첫날 내게 두툼한 소록도 100년사(역사편, 의료편, 사진집)와 병원 소식

---

48   국립소록도병원, 『소록도 100년: 한센병 그리고 사람, 백년의 성찰 – 역사편』, 310.

지, 박물관 소장품 도록 등을 선물했고, 나는 그날 밤늦게까지 그 선물을 읽으며 두 사람의 열정과 헌신에 크게 감동했다는 이야기를 마지막으로 나눴다. P가 소식지에 쓴 글 〈특별한 공유〉에 담긴 사연, 그러니까 남편은 아내에게 손이 되어 주고 아내는 남편에게 발이 되어 주었다는 사연에 감동받았다고 말하자 두 사람은 내게 소록도 한센인들의 구술이 담긴 책까지[49] 선물해 줬다. 다시 한번 P와 J에게 감사를 전한다.

여수공항으로 돌아오는 길에 소록도에서 차로 15분 정도 거리에 있는 〈오마 간척 한센인 추모공원〉을 들렀다. 1962년에 시작돼 1988년에 준공된 오마 간척 사업은 고흥군 남쪽 봉암반도와 풍양반도 중간에 있는 오마도와 오동도를 잇는 제방을 쌓아 소록도 두 배 정도 크기의 농토를 만드는 것이었다.

이 사업을 구상하고 시작한 사람은 당시 소록도병원장 조창원이다. 조창원은 일제 강점기 강제 노동 기억이 생생했던 한센인들을 설득해 제방 공사에 참여시켰다. 소록도를 벗어나 간척지에 정착하리라는 희망을 품은 한센인들은 헌신적으로 제방을 쌓아 나갔지만, 한센인의 간척지 정착

49   김영희, 『소록도의 구술 기억 I, II, III』(고흥: 국립소록도병원, 2019).

오마 간척 한센인 추모 공원 조형물.

을 반대하는 여론에 밀려 결국 1964년에 간척 공사는 전라
남도로 이관됐다. 간척지 완공 이후 한센인은 개척 농지 분
양에서 철저히 배제됐고, 어떠한 보상도 받지 못했다.[50]

오마 간척지 입구에 조성된 추모 공원은 당시 공사 모습
을 묘사한 여러 조형물을 통해 한센인의 노고와 억울함을
말해 주려 애쓰고 있었다. 〈오마 간척지 테마관〉에는 한센
인의 간척 공사 모습을 담은 사진, 이 사업을 소재로 한 이청
준의 소설『당신들의 천국』에 나오는 문장 등이 게시돼 있

50   국립소록도병원,『소록도 100년: 한센병 그리고 사람, 백년의 성찰 – 역
사편』, 191~201.

었다. 〈이번에도 이 섬에는 공원이 하나 더 늘고 그곳에 바쳐진 자신들의 노력과 희생이 크면 클수록 그 노력이나 희생의 크기만큼 섬은 점점 더 낙원과 인연이 멀어져 가고 있었다〉는 문장처럼, 소록도도 오마도도 한센인에게는 모두 〈당신들의 천국〉이었다.

추모 공원을 내려오며 바라본 너른 들녘은 이런 사연을 아는지 모르는지 한없이 평온했다. 지금 한센인의 마음도 저 들녘처럼 평온할까? 여수공항으로 오는 내내 이런 질문이 머릿속에서 맴돌았다.

8장

힐미도: 폭격 맞은 제국의 유원지

어느 지역에 가든 박물관과 역사관을 들르려고 애쓰는 편이다. 내게 박물관과 역사관은 지역의 지리, 역사, 문화 등을 친절하게 설명해 주는 선생님 같은 존재다. 올해 여름 가족이 돌아가며 코로나19를 앓고 난 뒤 1박 2일로 송도와 영종도에 바람 쐬러 갔을 때도 역사관 한 곳을 들렀다. 그 덕분에 지금 쓰고 있는 이 글의 제목을 떠올릴 수 있었다.

2009년 개관한 인천 도시 역사관은 송도국제도시의 명물 〈트라이보울〉 바로 옆에 있었다. 1층 근대 도시관은 개항부터 1945년 광복까지 인천의 역사를 여러 조형물과 전시물을 통해 알려 주고, 2층 인천 모형관은 인천의 영역 확장, 인천 해안 매립 과정 등을 입체적으로 보여 준다. 나는 이날 근대 도시관에서 요즘도 많은 사람이 휴식처로 찾는 월미도가, 이미 일제 강점기에 유원지로 개발됐다는 사실, 일제가 월미도를 군국주의 학습장으로 활용했다는 사실 등을 처음으로 알게 됐다. 역시 월미도는 내게 들려줄 이야기가 많은 섬이다.

군사 기지에서 유원지로

9월 초에 혼자서 월미도를 다시 찾았다. 2박 3일 동안 교동도, 강화도, 영종도, 월미도를 차례로 돌아보는 답사 마지막 장소가 월미도였다. 첫째 날과 둘째 날 내내 날씨가 맑더니, 월미도에 간 셋째 날은 아침부터 비가 내렸다. 게다가 평일이라서 너무나 한가로워 보였다.

조선 시대까지 월미도는 이날처럼 한가로운 섬이었다. 역사가들은 한반도 중세 왕조의 수도로 들어가는 물길을 〈목구멍〉으로 비유하곤 한다. 이런 비유에 따르면 고려 시대 개경의 목구멍은 예성강으로 접어드는 교동도 앞바다였고, 조선 시대 한양의 목구멍은 강화도와 김포반도 사이 강화 해협이었다. 이처럼 수도로 진입하는 요충지였던 교동도, 강화도에 비해 월미도는 그리 중요한 섬이 아니었다. 조선 시대 월미도는 한양으로 올라가는 조운선이 섬 서쪽으로 지나쳐 가는 어촌 마을 정도로 인식됐다.

이랬던 월미도가 소란스러워진 것은 1883년 제물포 개항 즈음부터다. 강화 해협을 거치지 않고 서울로 바로 가기를 원한 일제는 제물포를 입구로 점찍었다. 결국 일제는 하나부사 공사를 앞세워 조선 조정을 강압해 제물포를 개항시켰고, 이즈음부터 제물포 앞에 방파제처럼 놓인 월미도는 열강들의 각축장이 됐다.

가장 먼저 움직인 것은 일본이다. 임오군란이 일어나자 월미도를 거쳐 일본으로 달아났던 하나부사는 1882년 8월 군함 4척에 군인 1천여 명을 대동하고 제물포로 돌아왔다. 이때 들어온 일본군이 월미도 서쪽에 군함 연료인 석탄 창고를 무단으로 짓자, 청 역시 조선 조정에 석탄 창고 부지를 요구했다. 하지만 청은 곧이어 벌어진 전쟁에서 일본에 패했고, 청이 석탄 창고를 지으려던 땅에는 일본군 군수 물자 창고가 들어섰다.

청이 이렇게 물러난 뒤에는 러시아와 일본이 월미도를 놓고 싸웠다. 러시아가 러·프·독 3국 간섭(1895년 4월)으로 힘을 과시하자 조선 조정은 1896년 6월에 월미도 남쪽 부지를 러시아에 제공했다. 러시아는 이곳에 석탄 창고를 비롯해 병원, 연병장, 사격장까지 건설하며 조선 진출 전초 기지로 삼았지만, 청과 마찬가지로 몇 년 뒤 일본에 패하면서 월미도에서 물러났다.

1904년 2월 월미도 앞바다에서 러시아 바락함과 카레이츠호를 침몰시키며 러시아와 전쟁을 시작한 일제는 그해 8월 월미도를 통째로 군사 기지로 지정하고, 섬 북쪽 해안가에 살던 주민 21가구를 모두 섬 동쪽으로 이주시켰다. 1906년에는 월미도 남쪽 소월미도에서부터 월미도를 거쳐 인천역에 이르는 철로도 설치했다. 이렇게 월미도는 일제의 군사 기지로 전락하며 육지와 연결됐다.[51]

현재 월미도는 놀이동산, 카페, 식당 등이 모여 있는 〈월미 문화의 거리〉 지역과 월미산 일대 〈월미공원〉 지역으로 크게 구분된다. 먼저 월미공원을 돌아보기로 하고, 월미공원 서문 입구 월미도 공영 주차장에 차를 세웠다. 공원 안쪽으로 2백 미터쯤 걸어가니 인천 상륙 작전 당시 상륙 지점인 〈그린비치〉 표지판이 서 있었다. 잘 알려진 대로 월미도는 한국 전쟁 때 인천 상륙 작전이 펼쳐진 섬이다. 맥아더 장군이 지휘한 연합군은 1950년 9월 15일 오전 만조 시 이곳 그린비치에 가장 먼저 상륙했고, 곧이어 〈레드비치〉와 〈블루비치〉에 상륙했다. 나머지 상륙 지점 찾기는 월미공원 답사 이후로 미루고, 표지판 뒤쪽 언덕으로 올라갔다.

---

51   강변구, 『그 섬이 들려준 평화 이야기: 작은 섬 월미도가 겪은 큰 전쟁들』(파주: 서해문집, 2017), 18, 98~133, 139~160.

월미문화관 옆으로도 올라갈 수 있는 그 언덕에는 1971년부터 1999년까지 월미도에 주둔했던 해군 제2함대 사령부 주둔 기념비, 1948년 창설된 해군 첩보 부대의 공적을 기리는 충혼탑, 대한민국 해군이 1949년 8월 17일 처음으로 북한에 보복했던 〈몽금포 작전 전승비〉 등이 있다. 몽금포 작전을 지휘한 함명수 소령은 영흥도를 거점으로 인천 상륙 작전 사전 첩보 작전도 지휘했다. 영흥도에는 이 첩보 작전 때 희생된 이들을 기리는 〈해군 영흥도 전적비〉가 세워져 있다.

　　언덕에서 내려와 월미공원 동쪽 둘레길을 걸어가니 얼마 지나지 않아 미군과 한국군이 월미도에 주둔할 때 사용한 탄약고가 나왔다. 해군 제2함대 사령부가 평택으로 옮겨간 이후 탄약고는 갤러리로 변신했는데, 이날은 전시 작품을 교체하는 중이라서 들어가지 못했다. 탄약고를 지나자마자 인천항 개항 초기 미국 스탠다드 석유 회사 저유 창고 터 표지판이 나왔다. 이 석유 창고 옆이 바로 월미도 주민이 1904년에 이주당한 장소다. 표지판을 지나 잠시 걷다가 계단(숲오름길)을 이용해 월미산 정상으로 바로 올라갔다. 그곳에 인천 도시 역사관 1층에서 사진으로 본 월미도 신사 터가 있기 때문이다.

갤러리로 변신한 월미도 탄약고.

월미산 정상 신사 터는 월미도가 일제 군사 기지이자〈제국의 유원지〉였다는 걸 증언하는 흔적이다. 일제는 1900년에 개통한 경인선을 통해 서울로 물자를 나르다가, 경부선과 경의선 개통으로 경인선을 이용한 화물량이 줄어들자 월미도에서 인천역까지 이어진 철로를 1911년에 철거했다. 이후 월미도는 일제 군사 기지에서 유원지로 변신했다.

일제는 1917년에 월미도와 인천역을 연결하는 방파제를 쌓더니, 이듬해 월미도를〈풍치지구〉로 지정해 유원지 개발을 결정했다. 1919년에는 동남쪽 해안에 해수욕장을 개장하고, 1922년 4월에는 방파제를 왕복 2차선 도로로 만들어 인천역에서 차를 타고 바로 월미도로 올 수 있게 했다. 이 이듬해에는 월미도 북쪽에 바닷물을 데워 목욕하는 조탕(潮湯)과 풀장, 호텔 등을 개장함으로써 월미도를 제국의 유원지로 완전히 탈바꿈시켰다. 이후 월미도에는 해마다 10만 명 넘는 관광객이 찾아왔다. 월미도 북쪽 끄트머리 바다에 기둥을 박고 그 위에 세운 음식점 〈용궁각〉은 일제 강점기 월미도 유원지를 상징하던 대표적 시설이다.

주목할 점은 당시 일제가 월미도에 입힌 장소성이다. 일제는 월미도를 자국민에게 군국주의를 심는 장소로도 활용했다. 1915년 조선총독부 철도국에서 발간한 『조선 철도 여행 안내』 책자에는 일본 수학여행단에 월미도를 홍보하는 문구가 아래처럼 실려 있었다.

월미산 정상에서 청일 전쟁이 시작된 풍도와 제국의 전함이 러시아 군함을 격침시켰던 바다를 바라보며 일본 제국의 역사를 회고하라.[52]

같은 맥락에서 일제는 1908년 월미산 정상에 〈아타고(愛宕) 신사〉를 지으면서, 신사 계단 입구 왼쪽에 청일 전쟁 때

52 강변구, 앞의 책, 163~174.

일제 강점기 월미산 정상에 있던 아타고 신사와 충혼비.

사망한 일본군 충혼비도 함께 세웠다. 일제 강점기 월미도 유원지에 쉬러 오거나 수학여행 온 일본인들에게 월미산 정상은 일제가 청과 러시아를 상대로 승리한 바다를 바라보고, 신사와 충혼비에 참배하면서 자연스럽게 군국주의를 내면화하는 학습장이었던 셈이다.

현재 월미산 정상 입구에는 아타고 신사 설립 경위와 당시 사진 등을 담은 안내판이 세워져 있다. 안내판을 지나 조금 더 오르니, 과거 신사가 있던 자리에 전망대가 자리 잡고 있었다. 전망대 난간에 〈나랑 결혼해 줄래〉라는 글귀가 있는 걸 보니, 인천시에서 이곳을 프러포즈 장소로 미는 모양이다. 일제 강점기 군국주의 학습장에서 받는 프러포즈는 어떤 느낌일까? 잠시 마음이 복잡해졌다. 인천항, 인천 대교, 팔미도, 영종도 등이 한눈에 들어오는 전망대 주변에는 인천 상륙 작전 관련 패널도 전시돼 있었다. 이곳이 인천 상륙 작전을 설명하기에 적합한 위치라는 생각이 들어 어색하지는 않았다.

폭격 맞은 월미도

신사 터에서 내려와 월미전망대에서 인천항 갑문과 내항을 조망한 뒤, 다시 둘레길을 따라 한국 이민사 박물관으로 발길을 옮겼다. 박물관으로 가는 길에 월미공원의 명물 〈평화의 어머니 나무〉가 있었다. 이 나무는 월미산에서 가장 나이 많은 나무로, 한국 전쟁 때 월미도 폭격 속에서도 꿋꿋하게 살아남은 것으로 유명하다. 인천시에서는 평화의 어머니 나무를 포함해 인천 상륙 작전 때 살아남은 나무 일곱 그루를 〈월미 평화의 나무〉로 지정해 관리하고 있다.

한국 이민사 박물관은 내가 월미도에 갈 때마다 꼭 찾아가는 곳이다. 박물관이 월미도에 세워진 것은 첫 하와이 이민자들이 인천항에서 출발했기 때문이다. 입구에서 엘리베이터나 계단으로 올라가 2층 제1전시실부터 1층 제4전

한국 이민사 박물관 전경.

시설까지 내려오며 관람하는 동선이 처음에는 조금 어색했다. 그런데 몇 번 가다 보니 전시물을 꼼꼼히 보는 데 꽤 괜찮은 동선이라는 생각이 들었다. 사람들과 박물관이나 역사관을 함께 다니다 보면 피곤해서인지 1층만 보고 2층을 생략하는 경우를 종종 보는데, 2층에서 시작하면 출구로 가기 위해서라도 1층을 보게 되지 않을까?

내게 이 박물관은 〈제국의 유원지〉와 무관한 삶을 살아낸 식민지 조선인들을 기리는 곳이다. 2층 제1전시실과 제2전시실은 대한 제국 여권을 들고 1903년 1월부터 1905년 8월까지 하와이 사탕수수 농장에 도착한 7,415명의 생활과 애

한국 이민사 박물관 내부 전시물.

환, 독립운동 등을 말해 준다. 제1전시실 패널에 적혀 있듯,
이들이 하와이행 배를 타게 된 배경에는 19세기 후반 계속
된 가뭄과 일제의 쌀 대량 반출 등에 따른 굶주림이 자리하
고 있었다.

　20세기 초반 우리 민족의 이민이 악화하는 경제적·정
치적 상황에서 어쩔 수 없는 선택이었거나 강제적이었다
는 점은 1층 제3전시실에 가면 더욱 확실하게 인식할 수 있
다. 제3전시실 패널 속 사진과 문장을 보면, 19세기 후반 사
회 혼란과 굶주림을 피해 만주와 연해주로 떠나고, 일제가
사할린과 일본 본토로 강제로 끌고 간 조선인의 역사가 가

습 아프게 다가온다. 스탈린에 의해 1937년 연해주에서 중앙아시아로 강제 이주한 조선인의 상처도 이곳에서 확인할 수 있다.

따라서 나는 이 박물관에 한반도를 어쩔 수 없이 또는 강제로 떠나야 했던 이들을 기리는 공간, 곧〈코리안 디아스포라 기념관〉이라는 이름을 붙여도 괜찮을 것 같다고 생각한다. 박물관도 초기 이민의 강제성을 잘 알기에 하와이 이민자 통계를 소개하는 공간에〈코리아 디아스포라의 귀향〉이라는 제목을 붙여 놓은 것 아닐까?

이렇게 박물관을 끝으로 월미공원 답사를 마치고 월미문화의 거리 쪽으로 발길을 옮겼다. 해안가에 세워진 인천상륙 작전 상징 조형물이 가장 먼저 눈에 들어왔고, 좀 더 걸어 유람선 선착장을 지나니 곧바로 연합군이 상륙한 블루비치 표지석이 보였다. 표지석 옆에서는 강태공들이 한가롭게 바다낚시를 즐기고 있었다. 또 다른 상륙 지점인 레드비치 표지석은 월미도가 제국의 유원지였던 시절 월미도와 인천역을 연결하는 방파제 도로 끝 지점, 현재는 월미도에서 인천역으로 가는 월미로 끝 지점에 있었다. 월미도에서 인천역으로 가는 길에는 세계에서 가장 큰 야외 벽화라는 〈인천항사일로 슈퍼그래픽〉도 볼 수 있다.

인천 상륙 작전 당시 상륙 지점(블루비치) 표지석.

월미도 답사 내내 아쉬웠던 점은 어느 곳에서도 인천 상
륙 작전 며칠 전 월미도 사람들이 입은 상처를 알려 주는 안
내판이나 시설을 볼 수 없었다는 사실이다.

앞에 적은 것처럼 월미도 사람들은 1904년에 섬 동쪽으
로 강제 이주했고, 1942년에는 인천역에서 방파제 도로를
건너오자마자 왼쪽에 있는 지역으로 또 한 차례 강제 이주
한 뒤, 그곳에서 어업 활동을 하거나 유원지에 찾아온 관광
객에게 물건을 팔면서 생계를 이어 나갔다.

월미도 사람들의 수난은 광복 이후에도 끝나지 않았다.
연합군은 인천 상륙 작전 전에 인민군을 무력화시키겠다며
1950년 9월 10일 새벽 6시부터 섬 동쪽을 폭격했고, 이 폭

격으로 120가구 6백여 명이 살던 마을이 완전히 파괴됐다. 연합군 폭격기는 9월 12일에도 월미도 상공으로 날아와 폭탄을 투하했고, 이날 폭격을 피해 섬 밖으로 피신한 월미도 사람들은 고향으로 돌아가지 못했다. 1971년 미군이 떠난 뒤 섬의 주인이 된 국방부가 지심도 사례처럼 2001년에 월미도를 인천시에 넘겼고, 인천시가 월미도를 관광지로 개발했기 때문이다. 2008년 2월 진실·화해를위한과거사정리위원회는 연합군 폭격으로 1백여 명의 주민이 희생됐다고 추정했다.[53]

현재 월미공원 정문 근처는 연합군 폭격 전 월미도 사람들이 마지막으로 살던 장소다. 이곳에 이처럼 가슴 아픈 역사를 기록한 안내판 하나라도 세워 두면 좋겠다고 생각하면서, 그리고 이날 내가 월미공원, 한국 이민사 박물관, 월미 문화의 거리에서 마주쳤던 사람들의 평온한 일상이 다시는 폭력과 전쟁으로 파괴되지 않기를 바라면서 답사를 마무리했다.

---

53 강변구, 앞의 책, 224~245; 이희환, 「인천 상륙 작전에 가려진 월미도 원주민들의 아픔」, 『황해문화』 가을(2010).

9장

강화도: 동쪽 해안 돈대에서 북쪽 해안 철책으로

고대부터 현대까지 긴 시간대의 다채로운 역사를 품고 있
는 장소를 우리는 흔히 〈지붕 없는 역사관〉이라고 부른다.
강화도는 대표적인 〈지붕 없는 역사관〉이다. 개인적으로
내게는 갈 때마다 영감을 주는 보배 같은 존재다. 2022년
9월 강화도행에서는 강화도가 겪은 전쟁, 그중에서 특히
19세기 후반부터 현재까지 우리가 치렀고 지금도 치르고
있는 전쟁에 초점을 맞추기로 마음먹었다.

마침내 공격당한 강화도

중세 강화도가 기억하는 대표적 전쟁은 13세기 원의 고려
침입과 17세기 후금의 조선 침입이다. 고려 무신 정권이 천
도한 강화읍 고려 궁지, 삼별초가 대몽 항쟁을 위해 떠난 외
포항 일대, 정묘호란 때 조선과 후금이 강화(講和) 예비 회

담을 가졌다는 연미정(燕尾亭) 등이 중세 강화도의 전쟁을 증언하는 장소다.

정묘호란이 끝난 지 239년 만에 강화도는 또다시 전쟁을 겪었는데, 과거와 다른 점은 외세가 강화도를 직접 침공했다는 사실이다. 이런 맥락에서 내가 선택한 첫 답사 장소는 1866년 병인양요 전적지 정족산성이다.

전등사 남문 주차장에 차를 세우고 비탈길을 올라가니 얼마 안 되어 정족산성 남문이 보였다. 이곳을 지나 전등사 쪽으로 오르다가 산성 동문 쪽으로 방향을 바꿔 걷자 일제가 태평양 전쟁 말기에 송진까지 공출하느라 상처 입힌 〈전등사 소나무들〉이 나타났다. 식민지 조선인과 함께 고생한 소나무들을 뒤로하고 조금 더 걸어가니 정족산성 전투를 승리로 이끈 양헌수 승전비가 나왔다. 승전비에는 당시 전투 상황이 상세히 기록돼 있었다.

다시 전등사 쪽으로 발길을 옮겨 정족산 사고지 쪽으로 향했더니, 답사 전에는 몰랐던 〈강화 의병 전투지〉가 나왔다. 강화 의병이 1908년 일본군을 상대로 승리한 곳이라는데, 안내문을 읽자마자 드라마 「미스터 션샤인」의 사찰 전투 장면이 생각났다. 일본군에 공격당하는 조선인들을 의병이 나타나 구해 주는 그 장면의 모티브를 혹시 이곳에서

정족산성 양헌수 승전비.

얻은 것 아닐까? 「미스터 션샤인」의 명대사를 강의나 글에
틈만 나면 인용하는 팬으로서, 작가를 만날 기회가 생긴다
면 묻고 싶은 게 한두 가지가 아니다.

강화 의병 전투지를 지나 위쪽으로 좀 더 올라가자 〈정족
산 사고지〉가 보였다. 강화 의병 전투지는 1907년 방화로
소실되기 전까지 정족진이 있던 자리다. 정족진의 주요 임
무는 바로 정족산 사고에 보관하던 『조선왕조실록』을 지키
는 것이었다. 당시 유일본이었던 『조선왕조실록』은 1910년
일제가 서울로 옮겼고, 지금은 서울대학교 규장각에서 보
관하고 있다. 정족산 사고 건물은 1931년 이후 사라졌고, 현

재 건물은 1998년에 복원한 것이다.

정족산성을 나와 신미양요 때 미군이 처음 상륙한 초지
진으로 향했다. 조선 조정은 강화도 방어를 위해 5진 7보
53돈대를 설치했다. 돈대는 해안가에 설치된 소규모 관측
및 방어 시설로 진과 보는 각각 돈대 3~4개를 거느렸다. 이
중 초지진은 강화 해협 남쪽 입구를 지키던 요새였다. 강화
도 동쪽 해안 방어선은 초지진을 시작으로 덕진진, 광성보,
갑곶진, 월곶진으로 이어져 있는데, 이날 답사는 이 요새들
을 따라 북상하면서 진행했다.

미군은 1871년 6월 10일 초지진을 지키던 조선군을 함포
로 철수시키고 이곳에 무혈 입성했다. 초지진은 이때 일부
파괴됐고, 1875년 운요호 사건 때 일본군의 포격으로 또다
시 무너졌다. 현재 초지진은 일제 강점기를 거치며 성벽 기
초만 남아 있던 것을 1970년대에 복원한 것이다. 포격에도
살아남은 노송(老松)에는 1870년대 포격 흔적이 그대로 남
아 있었다.

미군은 초지진 점령 이튿날 덕진진을 같은 방법으로 점
령한 뒤, 마지막으로 어재연 장군이 지키던 광성보에서 조
선군과 백병전을 벌였다. 광성보 정문 오른쪽으로 잘 정비
된 산책로를 걸어가니 신미양요 때 최대 격전지였던 손돌

초지진과 포격 흔적이 남아 있는 소나무.

목돈대가 나왔다. 손돌목돈대로 가는 길 왼편에는 〈신미양
요 순국 무명 용사비〉, 광성보에서 순국한 어재연 형제 외
59명을 기리는 순절비 두 기(쌍충비) 등이 있고, 오른편에
는 조선군 시신 51구를 화장해서 한 봉분에 7~8인씩 합장
한 〈신미순의총〉이 있다.

　미군과 조선군이 가장 격렬하게 맞붙은 손돌목돈대 전투
는 미군의 압승으로 끝났다. 이 전투에서 미군은 해군 중위
한 명과 수병 두 명이 전사했고, 조선군은 대부분이 목숨을
잃었다. 현재 손돌목돈대 안내판에는 흰옷 차림의 조선군 전
사자 시신이 즐비한 사진, 미군이 어재연 장군 〈수자기(帥字

旗)〉[54]를 전리품으로 챙기는 사진 등이 담겨 있다.

가로세로 4미터가 넘는 수자기는 미국 아나폴리스 해군 사관학교 박물관에 전리품으로 보관돼 있다가 136년 만인 2007년에 10년 대여 형식으로 돌아와, 현재 강화 역사 박물관에서 보관 중이다. 병인양요 때 프랑스군이 약탈해 간 『외규장각 의궤』도 2011년 영구 대여 형식으로 돌아와 국립 중앙 박물관이 소장하고 있다. 수자기는 첫 대여 기간이 끝난 뒤부터 2년 단위로 재계약을 거듭하고 있다. 두 문화재가 영구든 단기든 대여 형식이 아니라 완전히 제자리로 돌아올 날을 기대하면서 수자기 모본(模本)을 보러 강화 전쟁 박물관으로 향했다.

강화 전쟁 박물관은 갑곶돈대 옆에 있다. 강화군에서 만든 「강화 전적지 가이드」에 따르면 본래 갑곶돈대는 현 위치보다 약간 더 북쪽인 옛 강화 대교 입구 북쪽 언덕에 있었다고 한다. 병인양요 때 프랑스군이 바로 이곳으로 상륙해 강화성을 점령했다.

강화 전쟁 박물관 전시실은 총 네 곳으로 1층에 제1전시실과 제2전시실이, 2층에 제3전시실과 제4전시실이 있다.

---

54   진중(陣中)이나 영문(營門)의 뜰에 세우던 대장의 군기(軍旗). 누런 바탕에 검은색으로 〈수((帥))〉 자가 쓰여 있다.

제1전시실에서는 강화도를 둘러싼 신라·백제·고구려의 각축, 제2전시실에서는 고려의 강화 천도와 대몽 항쟁, 제3전시실에서는 정묘호란부터 신미양요까지 조선이 겪은 전쟁을 알려 주는데, 이곳에 수자기 모본이 전시돼 있다.

앞에 적었듯이, 수자기 진본(眞本)은 강화 역사 박물관에 보관돼 있고 상설 전시는 하지 않는다. 그런데 2021년 6월 진본 수자기가 특별한 외출을 했다. 강화 역사 박물관이 신미양요 150주년을 맞아 진본 수자기를 박물관 로비에 한 달 동안 전시한 것이다. 나도 그 기간에 대학생들과 진본을 보러 갔었다. 진본은 모본과 다르게 오른편 아래쪽이 본래 천과 다른 천으로 덧대어져 있었다. 미군이 수자기를 내릴 때 찢어져 덧댔다는 얘기도 있고, 미군이 개인적 전리품으로 앞다퉈 잘라 가는 바람에 덧댔다는 얘기도 있다. 그날 수자기를 바라보던 대학생들의 진지하고 복잡한 표정이 인상적이었다. 그들은 수자기를 보며 어떤 생각을 하고 있었을까?

마지막 제4전시실 주제는 운요호 사건과 강화도 조약, 강화 의병 전쟁, 한국 전쟁과 강화도 등인데, 전시실 한편에 놓인 〈면제 갑옷〉에 자꾸 눈길이 갔다. 병인양요 이후 흥선 대원군은 서양 총탄을 막기 위해 무명 30겹을 겹쳐 갑옷을 만들었다. 하지만 신미양요 때 미군 총탄은 면갑을 쉽게 뚫

강화 전쟁 박물관 로비에 전시된 진본 수자기.

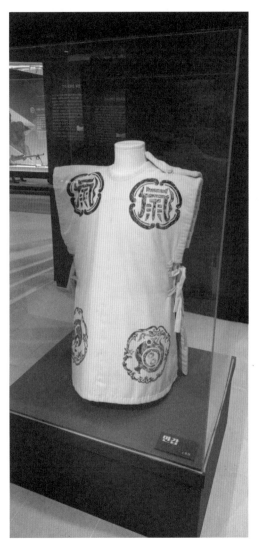

병인양요 이후 방탄용으로 만든 면갑.

었고, 무명으로 만들었기에 불이 붙거나 물을 먹으면 속수무책이었다.[55] 손돌목돈대에서 본 사진 속 조선군 전사자도 면갑 차림이었다. 홍선 대원군은 1867년 덕진진에 〈바다의 관문을 지키고 있으므로 외국 선박은 통과할 수 없다(海門防守他國船愼勿過)〉는 문장을 음각한 경고비도 세워 놨었다. 경고비도 소용없고 면갑도 소용없었으면, 과연 무엇이 당시 조선군을 지켜 주었을까? 전쟁을 막을 길이 전혀 없었을까? 오늘을 사는 우리에게 여전히 의미 있는 질문이라고 생각한다.

끝나지 않은 전쟁

이제 현대 강화도가 겪었고 지금도 겪고 있는 전쟁을 만나러 갈 차례다. 강화 전쟁 박물관을 나서서 옛 강화 대교 입구로 걸어갔다. 1950년 6월 27일 강화도를 점령한 인민군이 연합군의 서울 수복 직후 섬을 떠나자 강화도 청년들은 강화특공대를 조직했다. 강화양민학살희생자유족회가 옛 강화대교 입구에 세운 〈갑곶 선착장 집단 양민 학살지〉 안내판에는 바로 이 강화특공대가 1951년 1월 6~8일 옛 강화 대교 아래 선착장에서 남자 45명, 부녀자 약 15명을 학살했다고

---

55   최보길, 『강화도의 기억을 걷다』(서울: 살림터, 2014), 173~174.

적혀 있었다. 그러나 강화특공대원들은 유족회 측 주장을 강하게 부인한다.[56]

한국 전쟁은 이처럼 수많은 진실이 베일에 가려진 채 지금도 계속되고 있다. 휴전선과 북방한계선NLL 일대에서 거듭되는 군사 충돌, 한국 사회 내 극심한 이념 대립 등은 한국 전쟁이 아직 끝나지 않았다는 사실을 상기시켜 준다. 옛 강화 대교 인근 진해공원에 세워진 〈죽산 조봉암 선생 추모비〉도 끝나지 않은 전쟁을 생각해 보기에 좋은 장소였다. 조봉암은 전후 반공반북 분위기가 팽배하던 시절 평화 통일을 주장하다가 1959년에 사형당했다. 강화도는 조봉암의 고향이다. 진해공원에는 조봉암 추모비 외에 병인양요 때 활약했다는 〈강계 포수 전첩 기념비〉, 구한말 강화 의병장 연기우 공적비 등도 세워져 있다.

진해공원을 돌아본 뒤 강화 해협 북쪽 끝을 향해 가다가 오른편에 처음 보는 시설이 있어 길가에 차를 세웠다. 〈6·25 참전 용사 기념 공원〉이라는 이름을 가진 그곳에는 한국 전쟁 전개 과정을 알려 주는 패널이 철책에 걸려 있고, 한국 전쟁 전투병 파병 16개국을 소개하는 철제 안내판, 〈강

---

56   백승구, 「6·25 戰爭時 강화도 死守했던 강화특공대원들의 항변」, 『월간조선』, 2011년 1월 호.

화 6·25 참전 용사 기념비〉 등이 세워져 있었다. 공원 한편에는 〈늘NLL 평화의 철책길〉 노선도도 있었는데, NLL을 〈늘〉로 읽은 작명 실력에 감탄이 나왔다. 강화 전쟁 박물관에서 출발해 이곳을 지나 연미정, 고려 천도 공원(승천포), 강화 평화 전망대로 이어지는 총 15킬로미터 노선이 바로 내가 계획한 오후 답사길과 정확히 일치해 반가웠다.

강화도 동쪽 해안이 19세기 후반 조선의 군사 요충지였다면, 21세기 대한민국의 군사 요충지는 철책으로 둘러싸인 강화도 북쪽 해안이다. 강화 해협 북쪽 끝에 있는 연미정이 바로 동쪽 해안과 북쪽 해안의 경계 지점이다.

연미정 앞으로는 한강, 임진강, 예성강이 합쳐진 조강(祖江)이 서해로 유유히 흘러갔다. 그런데 넓디넓은 그 강에는 배 한 척 떠다니지 않았다. 휴전 협정 체결 때 양측은 이곳을 〈한강 하구 중립 수역〉으로 지정해 민간 선박의 항행을 허용했지만, 이후 군사 충돌이 자주 일어나자 선박 출입을 금지했다. 2018년 들어 남북 관계가 개선되면서 그해 11~12월 한강 하구 중립 수역 활용을 위한 남북 공동 수로 조사가 이루어졌다. 이러한 노력을 계속하다 보면 과거 개경과 한양으로 가는 배들로 가득 찼던 조강이 우리 곁으로 다시 돌아올 수 있을 것이다.

강화 제적봉 평화 전망대 전경.

연미정 이후부터는 민간인 출입 통제 구역이라 연미정 바로 앞 검문소에서 잠시 차를 멈추고 해병대의 통제를 따랐다. 검문소를 지나 해안 철책을 따라서 차로 10분 정도 달려 오늘의 마지막 목적지인 강화 평화 전망대에 다다랐다. 강화 평화 전망대는 제적봉 정상에 자리 잡고 있다. 제적봉(制赤峰)은 해병대 사령관 공정식이 1966년에 공산당을 제압하는 봉우리라는 의미로 붙인 이름이다. 전망대 마당에는 김종필이 친필로 쓴 제적봉비가 있고, 바로 옆에는 퇴역한 해병대 상륙정이 전시돼 있다.

이처럼 강렬한 장소성을 뒤로하고 들어선 전망대 건물

안 분위기는 차분하고 평온했다. 1층 로비 정면으로는 종이에 소망을 적어 걸 수 있는 통일 염원소가 보이고, 오른편 1전시관에서는 북한 살림집 모형, 북한 포스터, 북한 음악 감상 시설, 남북 언어 비교 퀴즈 등을 통해 북한 주민의 일상과 문화에 대한 이해를 도와주었다.

2층에 있는 2전시관은 주로 남북이 함께 만들어 가야 할 평화로운 미래를 이야기하는 곳이었다. 강화 산이포와 개풍 해창포 사이 거리가 1.8킬로미터에 불과하다는 사실에 착안해 만든 〈저기, 손 닿을 곳에 통일이 보입니다〉, 〈한강과 임진강이 만나 함께 흘러가듯, 남과 북은 하나로 다시 만나야 합니다〉와 같은 문장에서 전망대의 진심을 읽을 수 있었다. 명사들의 평화 관련 어록도 소개하고 있었는데, 남북 관계가 긴장 국면이라서 그런지 〈좋은 전쟁, 나쁜 평화는 없다〉라는 벤저민 프랭클린의 말이 특히 더 마음에 와닿았다.

2층과 3층에는 북한 지역 전망실이 있다. 3층 전망실에서 때마침 해설사가 해설 중이었다. 강 건너 지형과 북한 주민의 생활, 조강의 과거, 현재, 미래 등에 대한 진지하고 차분한 해설이 좋아 이름을 기억해 뒀다. 얼마 뒤 접경 지역 평화 관광 해설사들에게 강의할 때 그날 해설에 감동했다고 이야기하며 해설사의 이름을 소개했더니, 맨 앞에서 강의를 듣던 사람이 바로 자기라며 고마움을 표했다. 역시 세상은 좁고, 좋은 사람은 언젠가 만나게 되어 있으며, 언제 어디서나 진실만을 말해야 한다는 교훈을 되새겼다.

강화도와 영종도는 답사 커플

강화 평화 전망대를 떠나 초지 대교 근처 숙소에서 하룻밤을 보낸 뒤, 다음 날 월미도로 가는 길에 영종도를 들렀다. 영종도는 매립 공사로 영종, 용유, 삼목, 신불 네 개 섬이 합쳐진 섬이다. 일본군은 1875년 운요호 사건 때 초지진을 먼저 공격했고, 초지진 상륙에 실패한 뒤 영종도로 목표를 바꿔 영종성을 침입했다. 일본군은 영종성 침입 과정에서 조선군 35명을 살해하고 성안을 뒤져 크고 작은 대포와 총기 등을 챙겨 운요호로 돌아갔다.[57]

영종 역사관 주차장에 차를 대고 역사관 안으로 먼저 가니 아직 개관 전이었다. 그래서 에어 스카이 호텔 앞에 있는 〈영종진 전몰 영령 추모비〉로 향했다. 추모비 바로 옆에 관련 내용이 안내되어 있지 않아 방문객에게 그리 친절한 곳

---

57   강변구, 『그 섬이 들려준 평화 이야기: 작은 섬 월미도가 겪은 큰 전쟁들』, 84~85.

이 아니었다. 운요호 사건과 영종진 침입 관련 안내판은 추모비에서 약간 떨어진 영종진 토성 자리에 세워져 있었다.

개관 시간인 오전 10시에 맞춰 들어간 영종 역사관에는 인천국제공항 건설로 삶터를 잃어버린 영종도 사람들의 역사가 담겨 있었다. 제2전시실〈쇄국과 개항의 충돌, 영종도 앞바다〉 패널에는 영종진 전투 관련 내용뿐 아니라, 영종 방어사가 신미양요 직전인 1871년 4월 미군이 영종도 앞바다에서 수심을 재고 있다고 조정에 보고한 사실도 적혀 있었다.

이렇게 영종도와 강화도를 오르내리며 조선의 문호를 강제로 연 외세는 그 후에도 여전히 한반도를 자기 세력권에 두기 위해 애썼다. 프랑스와 미국이 떠난 자리에 일제가 들어왔고, 해방된 한반도에는 다시 미국과 소련이 들어왔다. 미·소 대결에 휘말린 한반도는 남북으로 갈라졌고, 갈라진 이후 현재까지 강화도 북쪽에서 맞서고 있다. 몽골이 고려를 침략한 13세기부터 따지면 8백 년 넘게, 병인양요 때부터 따지면 150년 넘게 이어지고 있는 강화도의 전쟁은 언제쯤 끝날까?

고통도: 십향과 이산의 아픔을 품은 평화 교육 일번지

2014년 교동 대교 완공으로 강화도에서 교동도로 가는 육로가 열렸다. 곧이어 연백군 피란민들이 고향에 있는 연백 시장을 본떠 만들었다는 〈대룡시장〉이 잇따라 방송 프로그램에 나오면서 교동도는 매년 1백여만 명이 찾는 유명 관광지로 〈떴다〉. 민통선과 바다가 이중으로 외지인 출입을 통제해 준 덕분에 1960~1970년대 생활상이 고스란히 남은 대룡시장 좁은 골목은 주말이면 사람들로 북적거린다. 황해도식 냉면을 판다는 식당 앞에는 대기 줄이 생겼고, 최근 개장한 화개산 모노레일도 주말에는 한 시간 넘게 줄 서야 탈 수 있다.

아쉬운 점은 관광객의 발길이 대룡시장과 화개산 모노레일에 그치는 경우가 많다는 사실이다. 관광객이 웰컴 센터 겸 관광 안내소인 〈교동 제비집〉 앞 주차장에 세워 둔 차들은 화개산 모노레일에 갈 때 빼고는 좀처럼 섬을 돌아다니지 않는다.

교동도 관광 지도는 〈시간이 멈춘 평화의 섬!〉이라고 교동도를 소개한다. 〈시간이 멈춘〉 곳은 확실히 알겠는데 〈평화〉는 어디에서 만나라는 걸까? 물론 실향과 이산의 아픔이 새겨진 대룡시장도 평화를 생각하기에 좋은 장소다. 그래도 이 섬에 평화를 만나고 사유할 장소가 더 있지 않을까? 거제도에서 그랬듯 교동도에서도 나는 스타의 그늘에 가려진 예비 스타들을 열심히 찾아다녔다.

실향민이 만든 하나뿐인 전망대

교동도는 섬 전체가 민간인 통제 구역이라서 섬에 들어가려면 교동 대교 입구 해병대 검문소에서 출입 절차를 밟아야 한다. 신분증과 방문 목적을 확인하는데, 사람들이 몰리다 보니 검문 절차가 갈수록 간소화되고 있다. 2022년 12월 초 제주도 지인들과 찾았을 때는 그해 9월 초 답사 때 없던 QR 코드 출입 시스템까지 도입해 운영 중이었다.

교동 대교 입구에 도착한 관광객을 제일 먼저 맞이하는 것은 관광 지도 어디에도 표시돼 있지 않은 〈철책〉이다. 교동도는 해안선 37.5킬로미터 중 약 25.5킬로미터 구간에 철책이 설치돼 있다. 북한 지역과 맞닿아 있지 않은 남쪽 월선포, 남산포, 죽산포 등을 제외하고 해안 70퍼센트 정도가 통제되는 셈이다. 철책 너머 갯벌에는 북한군의 상륙을 막기 위한 군사 시설〈용치〉도 곳곳에 박혀 있다. 교동도가 섬이면서도 어민이 거의 없는 것은 바로 철책 때문이다.[58]

교동도는 동남부 화개산(259미터), 서남부 수정산(126미터), 북부 율두산(89미터) 사이 갯벌을 간척한 섬으로, 교동도 간척은 고려가 강화도로 천도한 13세기 초부터 1970년대까지 긴 시간 동안 이루어졌다. 특히 고려와 조선은 교동도를 조정과 수도 사람들이 강화도로 피란할 때 식량을 제공할 배후지로 여기고 간척에 힘을 쏟았다.[59] 섬 대부분이 간척으로 확보한 농지이다 보니 교동도 동쪽과 서쪽에 고구 저수지와 난정 저수지라는 대규모 저수지가 있다.

교동 대교를 건너면 얼마 지나지 않아 고구 저수지가 나타난다. 고구 저수지에 닿기 직전 우회전해 북쪽 해안가로

---

58 박흥열,〈강화군 철책과 검문소, 달라져야 한다〉,「강화뉴스」, 2021년 2월 25일(http://www.ganghwanews.com/news/articleView.html?idxno=7870).
59 배성수,「교동도 갯벌매립의 역사」, 김귀옥 외 지음, 『교동도』(서울: 민속원, 2015).

가면 한국 전쟁 때 활약한 반공 유격대를 기리는 〈UN8240 을지타이거여단 충혼비〉를 볼 수 있고, 고구 저수지를 지나 자마자 좌회전하면 연산군 유배지와 모노레일이 있는 화개 산으로 갈 수 있다. 우선 오늘의 첫 예비 스타 〈망향대〉를 만 나기 위해 고구 저수지에서 직진한 뒤 대룡마을 회전 교차 로에서 오른쪽으로 나갔다. 망향대 주차장은 조금 좁은 편 이라서 대형 버스는 주차가 불가능하다.

섬 서북쪽 율두포에 있는 망향대는 크게 두 가지 스타성 을 갖고 있다. 첫째, 망향대는 서쪽 저 멀리 백령도에 있는 끝섬 전망대부터 동쪽 끝 고성의 통일 전망대까지 북녘을 바라보는 열몇 개의 전망대 중 유일하게 실향민들이 직접 만들었다. 전망대 입구 철망에는 오후에 찾아갈 예정인 인 천 난정 평화 교육원(이하 평화 교육원) 교육생들이 이곳에 왔을 때 적은 메시지들이 걸려 있었는데, 〈망향대〉 삼행시 가 특히 인상적이었다.

〈망〉원경으로 고향을 보는 〈향〉수를 달래야 하는 실향 민의 애환을 느끼며 〈대〉한민국의 평화를 기원합니다.

철망 옆으로는 북한 주민의 생활상, 한국 전쟁의 참상 등

망향대 망원경.

을 담은 사진들이 전시되어 있고, 그 끝에 북녘을 볼 수 있는
망원경 두 대가 설치되어 있었다.

둘째, 망향대는 북녘 전망대 중 유일하게 북한 시가지를
생생히 볼 수 있는 전망대다. 북한군이 아닌 주민들의 생활
을 볼 수 있는 전망대는 강화 평화 전망대, 오두산 통일 전망
대, 망향대 세 곳인데, 강화 평화 전망대나 오두산 통일 전
망대에서 보는 북한 지역은 건물이 띄엄띄엄 세워져 있는
농촌이다. 이에 비해 망향대에서 본 연안읍에는 빈터가 거
의 없을 정도로 관공서, 학교, 주택 등이 밀집돼 있었고, 오
가는 사람 숫자도 다른 두 전망대와 비교가 안 될 정도로 많

10장 교동도: 실향과 이산의 아픔을 품은 평화 교육 일번지

왔다.

9월 초 답사 때는 망향대에서 작은 트럭을 개조한 〈카페 풍경〉이 영업 중이었으나 오후 약속 시간에 맞추느라 보고만 왔다. 그리고 12월 초에 다시 망향대를 찾았을 때는 평화교육원 교사와 동행했는데, 그에 따르면 카페 풍경 주인은 황해도 실향민 3세로 관광객에게 음료도 팔고 설명도 해준다고 한다. 아쉽게도 그날은 영업하지 않았다. 다음에 또 가면 카페 풍경 주인과 꼭 이야기를 나눠 보고 싶다. 이곳을 찾는 사람들이 가장 많이 하는 질문이 무엇인지, 어떤 소감을 말하는지, 피란민은 이곳에서 이산과 실향의 아픔을 어떻게 달래는지 궁금한 게 한둘이 아니다.

진짜 〈로컬 평화 전시관〉

대룡시장 안 베트남 음식점에서 베트남 출신 주인이 만들어 준 맛있는 쌀국수를 먹은 뒤, 방문하기로 약속한 평화 교육원으로 발길을 옮겼다. 애초에는 평화 교육원이 있는 난정마을 근처에서 점심을 먹고 난정 저수지를 산책하다가 평화 교육원에 갈 생각이었다. 그런데 난정마을까지 갔다가 마땅한 식당을 찾지 못해 결국 대룡시장까지 돌아 나와서 점심을 해결했다. 역시 사람이 몰리는 곳에 식당도 많은

인천 난정 평화 교육원 교육동.

가 보다.

　평화 교육원은 인천광역시교육청이 2019년 3월 폐교된 난정초등학교 건물을 활용해 만든 평화교육·전시·체험 전문 수련원이다. 2022년 6월 난정초등학교 본관과 급식실을 리모델링한 교육동을 개관하고 평화 교육을 시작했다. 교동도 답사를 준비하다 평화 교육원을 처음 알게 됐고, 홍보 영상에 등장한 장학사에게 방문 의사를 밝혔더니 흔쾌히 찾아오라고 했다. 역시 환대는 언제나 기분 좋은 일이다. 9월 초에 갔을 때는 난정초등학교 운동장에 2023년 4월 개관을 목표로 생활동을 짓는 공사가 한창이었다.

인천 난정 평화 교육원 라키비움.

　장학사를 만나기 전에 혼자 교육동 1층 전시관을 돌아보며 크게 감동했다. 관람객에게 전하고 싶은 메시지들을 일관성 있고 간명하며 세련되게 보여 주는 전시였기 때문이다. 전시관 입구에는 〈라키비움〉이 있었고, 〈평화의 공유지를 위한 상상〉, 〈이곳에서 우리가 여행자로 만난다면〉, 〈날개 달린 고래와 함께 살아가기〉, 〈난정리와 난정초 이야기〉 같은 궁금한 이름의 공간이 차례대로 이어졌다.

　라키비움larchiveum은 도서관library, 기록관archives, 박물관museum 기능을 합친 복합 문화 공간을 가리키는 신조어다. 평화 교육원 라키비움에는 누구나 읽을 수 있게 평화 주제도서가 놓여 있고, 교동도 사람들의 오래된 사진들, 교동도 사람들이 생각하는 평화를 표현한 문장, 교동도 각 마을을 상징하는 나무 그림 등이 전시돼 있었다. 폭력과 전쟁은 마을로 가장 먼저 찾아온다. 따라서 평화 답사는 지역의 이야기에 주목하는 로컬local 평화 답사가 돼야 한다고 생각해 오던 터라, 마을 사람들의 기억과 바람을 전시관 맨 앞에서 이야기해 주는 게 더없이 반갑고 고마웠다.

1관 〈평화의 공유지를 위한 상상〉에서는 사람과 사람을 가르는 선, 그 경계 때문에 발생하는 갈등을 줄이기 위해 선을 공간으로, 경계를 공유지로 만들자는 이야기를 들려줬다. 교동도가 위치한 한강 하구가 남북 접경 지역인 동시에 강과 바다가 경계 없이 만나는 공간이란 점에 착안한 전시였다.

먼저 윤제호 작가의 미디어 아트 「선에서 공간으로」를 감상했다. 대립과 단절의 경계들이 빛의 움직임과 소리의 진동을 통해 공유 공간으로 바뀌는 과정이 6분 동안 펼쳐졌다. 미디어 아트를 감상하고 바로 옆 공간으로 이동하니 남북이 서해와 한강 하구를 평화 지대, 공유 지대로 만들기 위해 어떤 노력을 했는지 알 수 있었다.

2관 〈이곳에서 우리가 여행자로 만난다면〉은 분단되기

전에 인천·개성 사람들이 어떻게 교류했는지, 당시 인천·개성의 주요 여행지는 어디였는지 등을 알려 준다. 또한 여행 계획도 세워 보게 함으로써, 사람과 사람이 경계를 넘어 자유롭게 일상을 나누는 것이 평화라는 사실을 깨닫게 해 주었다. 그런데 남북이 한강 하구를 자유롭게 오가고 함께 개발하면 그동안 사람의 발길이 닿지 않아 보존되었던 생태계는 어떻게 될까? 3관 〈날개 달린 고래와 함께 살아가기〉는 바로 이 질문과 관련된 공간이었다. 이곳에서 학생들은 다양한 체험 놀이를 통해 한강 하구 생태계의 가치와 보존에 대해 생각해 볼 수 있다.

마지막 4관 〈난정리와 난정초 이야기〉에는 난정마을의 역사, 1935년부터 2019년까지 난정초등학교의 추억 어린 발자취 등이 담겨 있었다. 전시관 입구 라키비움에서 마을 이야기로 시작한 전시는 이렇게 〈다시〉 마을 이야기로 마무리됐다. 역시 진짜 〈로컬 평화 전시관〉다운 동선이고 공간 배치였다.

교육동 북카페에서 마주 앉은 장학사는 내게 평화 교육원 개원을 준비하며 교동도 내 평화 교육 자원을 조사했던 이야기를 들려주고, 여러 연령대의 눈높이에 맞춘 다양한 교육 프로그램을 소개해 줬다. 평화 교육원이 실시하는 평화 교육과 기존 통일 교육을 어떻게 접목해야 하는지도 그날 우리가 나눈 대화의 주요 주제였다. 평화 교육원 교육은 교육동에서 이루어지는 실내 체험, 전시관 관람, 교동도 현장 체험이 혼합된 형식이다. 현장 체험 장소는 대룡시장, 망향대, 방공호, 철책선, 박두성 생가터 등이다.

대룡시장과 망향대 체험은 머릿속에 어렵지 않게 그려졌고 오전에 결과물도 보고 왔기에, 장학사에게 방공호 체험을 부탁했다. 교동도에는 방공호가 총 10개 있고, 그중 평화 교육원 바로 옆 방공호가 현장 체험 방공호였다. 현장 체험 전담 직원을 따라 지하 방공호로 가보니 착공일이 2012년 7월 9일이었다. 직원은 교동도의 모든 방공호가 연평도 포격전(2010년 11월 23일) 이후 만들어졌다고 알려 줬다. 불타는 연평도를 뉴스 화면으로 보며 교동도 사람들이 느꼈을 공포와 불안을 잠시 상상해 봤다.

방공호 내부는 최대 수용 인원 108명이 들어가기에는 좁아 보였다. 그날 직원은 내게 방공호 체험 때 학생들에게 보여 준다는 영상을 보여 줬다. 방공호 내부 벽면이 스크린 역할을 했다. 영상 속 우크라이나 소녀는 우크라이나 방공호에서 디즈니 애니메이션 「겨울 왕국」 주제가 「렛 잇 고」를 불렀고, 우크라이나 소년은 부모와 헤어진 채 홀로 울며 폴

교동도 방공호 내부.

란드 국경을 넘고 있었다. 수십 년 전 부모와 헤어져 교동도
로 들어온 황해도 소년의 모습도 저렇지 않았을까? 우크라
이나 전쟁에 휩쓸린 이들의 고통에 공감하고, 평화의 소중
함을 생각하게 해주는 영상이었다.

　이날 나머지 답사 일정 때문에 건너뛰었던 철책선 체험
은 12월 초 제주도 지인들과 함께했다. 난정 저수지 옆 해안
철책선을 천천히 따라 걸으며, 한없이 고요하고 평화로운
저수지 풍경과 철책이 상징하는 군사적 긴장의 부조화가
하루빨리 해소되기를 기원했다. 지금도 철책선 근처에서
혼자 배회하면 해병대가 CCTV로 보다가 나타나 이것저

것 묻는다고 하니, 여럿이 함께 찾는 게 좋을 것 같다.

사람과 사람 사이에 다리 놓기

평화 교육원 현장 체험 장소 중 하나이자 이날 마지막 답사
지인 박두성 생가 터는 평화 교육원에서 차로 10분 정도 걸
렸다. 교동도 지리에 익숙한 독자라면 눈치챘겠지만, 나는
이날 답사를 서북쪽(망향대)에서 서남쪽(평화 교육원, 방공
호)을 거쳐 동남쪽(박두성 생가 터)으로, 섬을 일주하는 방
식으로 진행했다.

난정마을에서 박두성 생가 터로 가는 중간에 잠시 남산
포에 들렀다. 남산포는 조선 시대 충청·경기·황해 수군을
통솔한 삼도 수군 통어영이 있던 곳으로, 현재는 동네 주택
옆에 배를 묶어 뒀던 계류석 1기가 남아 있었다. 계류석 주
변에 안내판도 없고, 이정표도 없어 동네 사람에게 물어물
어 찾아갔다. 다음에 왔을 때는 안내판이나 이정표가 좀 더
잘 갖춰져 있으면 좋겠다.

갈등과 폭력을 줄이기 위해서는 사람과 사람 사이에 그
어진 대립과 단절의 선을 지우고, 사람과 사람을 잇는 다리
를 놓아야 한다. 박두성은 사람과 사람을 연결하기 위해 애
쓴 인물이다. 1888년 교동도에서 태어난 박두성은 1913년

박두성 생가 터.

제생원 맹아부 교사로 취직한 뒤 생을 마칠 때까지 시각 장
애인 교육에 매진했다. 그의 가장 큰 업적은 1926년에 〈또
하나의 한글〉이라 불리는 최초의 한국어 점자 〈훈맹정음〉
을 창안한 것이다.

　박두성이 창안한 훈맹정음은 시각 장애인과 시각 장애
인, 시각 장애인과 비장애인을 연결했다. 그뿐 아니라 오늘
날 남북 시각 장애인이 소통할 수 있는 다리가 될 수도 있을
것이다. 현재 남한과 북한의 점자가 훈맹정음에 기반하고
있기 때문이다.[60] 이런 맥락에서 평화 교육원의 박두성 생가

60　김두현 외, 「북한 점글자 분석 연구」, 『한글장애인복지학』 제46호(2019).

터 체험 프로그램은 정말 좋은 평화 교육이라는 생각이 들었다. 참가자들은 이곳에서 시각 장애인 체험, 점자 체험 등을 통해 시각 장애인과 비장애인의 〈동행을 위한 방법〉을 찾을 수 있다.

박두성 생가 터 오른쪽에는 박두성 흉상이 있었고, 생가 터 가운데 담장 앞뒷면에는 박두성의 일대기와 어록, 훈맹정음의 원리와 한글 점자 발전 과정 등이 적혀 있었다. 강화도와 석모도가 가까이 보이는 조용한 해안가 생가 터에서, 차이로 인한 차별과 배제가 없는 세상을 위해 노력한 모든 이에게 감사의 마음을 전하며 교동도 답사를 마쳤다.

11장

연평도: 해송정 주변에 둥굴내기 소나무가 많은 이유

그 섬에 다녀온 며칠 뒤 악몽을 꿨다. 현실에서 절대 일어나서는 안 될 일이지만, 꿈속에서 슬프게도 남과 북이 전면전에 돌입했고, 나는 민방위도 끝난 나이에 군대로 소집됐다. 군에서 나눠 준 소총은 내가 한 번도 다뤄 보지 않은 것이었다. 소총 사용법도 모른 채 전선에 투입되는 게 무서워 옆에 있던 청년들에게 사용법을 물어봤는데, 모두 전투 준비로 바쁘다며 나를 외면했다. 불안에 휩싸여 안절부절못하다가 꿈에서 빠져나왔다.

그 섬에서 보낸 첫날 밤에는 천둥소리 때문에 쉽게 잠을 이루지 못했다. 북한군이 서해로 다시 포를 쏘기 시작했다는 소식을 섬에 오기 전에 뉴스로 듣고, 낮에 섬 사람들에게도 들어서 그랬는지, 천둥소리가 꼭 포탄 떨어지는 소리 같았다. 그 섬에서 들은 천둥소리는 육지에서 듣는 것보다 훨씬 더 컸고, 그 섬에서 체감한 군사적 긴장은 육지에서 체감하는 것보다 훨씬 더 구체적이었다.

다시 피란 가고 싶지 않아요

연평도 포격전이 벌어진 지 12년 만인 2022년 11월 12일에 그 섬 〈연평도〉를 찾아갔다. 인천에서 더 멀리 떨어져 있는 백령도는 강의나 답사로 몇 번 갔지만, 좀 더 가까운 연평도는 이번이 첫 방문이었다. 인천 연안 여객 터미널에서 뱃길로 백령도는 네 시간, 연평도는 두 시간 걸린다. 연평도는 서해 북방한계선NLL에 바짝 붙은 대연평도와 그 아래 소연평도로 이루어져 있다. 대연평도와 NLL 사이 거리는 1.5킬로미터밖에 안 된다.

당섬 선착장(연평바다역)에 도착하니 연평 평화 안보 수련원(이하 수련원) 업무를 총괄하는 S가 마중 나와 있었다. 옹진군 공무원이자 연평도 주민이기도 한 S는 내가 연평도에 머문 2박 3일 동안 주말이었는데도 거의 모든 시간 동행하며 연평도를 속속들이 소개해 줬고, 12년 전 자기 가족과 이웃이 겪은 전쟁도 증언해 줬다. S의 환대 덕분에 나는 연평도에 새겨진 상처와 고통의 무게를 어느 정도 견뎌 낼 수 있었다.

S와 수련원으로 가면서 해안을 보니 쇠로 만든 꽃게잡이용 닻이 잔뜩 놓여 있었다. 연평도에서는 꽃게를 그물 아래 닻을 달아 고정하는 〈닻자망〉으로 주로 잡는다. 연평도 앞바다는 예나 지금이나 황금어장으로 유명하다. 전쟁 이후 어장이 남북으로 나뉘었지만, 그래도 연평도 앞바다의 활기는 사라지지 않았다. 조기가 북상해 산란하는 4월 하순부터 6월 상순까지 연평도 앞바다에는 1천~3천여 척의 배가 몰려와 파시(波市)를 열었다. 1960년대 후반 조기가 사라진 뒤에는 꽃게가 조기의 영광을 대신하고 있다.[61]

수련원은 옹진군이 옛 연평중·고등학교 건물을 리모델링해 2018년 3월 개원했다. 강의실, 객실, 식당, 휴게실 등이 깔끔하고 편리하게 갖춰져 있고, 인근에는 부속 시설인 〈연평도 안보 교육장〉이 있다. 교육 과정은 크게 1박 2일과 2박 3일짜리 일반 과정(20~50명)과 도보 과정(20~50명)으로 나뉜다. S는 버스로 다니는 일반 과정도 좋지만 12년 전 피폭 현장, 망향 전망대, 안보 교육장, 평화공원 등을 1박 2일 동안 걸어서 돌아보는 도보 과정에 더 애정이 간다고 했

---

61 김창일(글)·유창호(사진), 『조기의 섬에서 꽃게의 섬으로, 연평도』(서울:국립민속박물관, 2018):145;「살 꽉 찬 가을이 제철… 연평도 수꽃게의 달콤한 유혹」, 『한국일보』, 2022년 10월 17일 자(https://www.hankookilbo.com/News/Read/A2022101016050005620?did=DA).

연평 평화 안보 수련원 정문.

다. 나 역시 이번에는 차로 이동했지만, 다음에는 꼭 연평도 구석구석을 걸어 보겠다고 마음먹었다.

수련원 1층 사무실에 앉아 답사 일정을 함께 짜면서 S는 연평도 사람들이 요즘 〈다시〉 피란 생활을 하게 될까 봐 걱정하고 있다는 얘기를 들려줬다. 자신도 12년 전 그날 인천에서 남편과 아이들이 무사히 연평도를 빠져나오길 기다리며 초조해하던 경험을 반복하고 싶지 않다고 말했다. 그 말들을 듣자마자 평소 생각하지 못했던 사실 하나를 깨달았다. 휴전 이후 남북 간 전투 때문에 주민 전체가 피란 가야 했던 사람들은 연평도 사람들이 유일하다는 사실 말이다.

연평도에 머무는 동안 주민에게 〈우리도 대한민국 국민〉이라는 말을 듣기도 했다. 육지 사람들이 섬 사람들 처지는 생각하지 않고 북한과의 대결을 너무 쉽게 말하는 세태에 대한 불만이었다. 답사 둘째 날 연평 평화 전망대 1층 카페에서 만난 주민도 12년 전 그날 인천으로 피란 갔을 때, 포격으로 불타는 연평도와 달리 아무 일 없는 듯 화려하고 흥성거리는 거리를 보며 서러움이 밀려왔다고 말했다. 섬에서 느낀 구체적인 공포와 육지의 평온함이 대비돼 서글펐다는 얘기로 들렸다.

수련원 2층 객실에 짐을 두고, 다시 사무실로 내려와 출발 준비를 하다가 냉장고에 자석으로 붙여 놓은 〈햇님이 간식〉 메모지에 눈길이 갔다. 메모지에는 닭가슴살, 참치·연어 캔, 덴탈 개껌 등의 1회 배식량이 적혀 있었다. 개껌이 있으니 〈햇님〉이 개라는 건 알겠는데, 어떤 녀석이기에 이렇게 직원들이 정성스레 보살필까 궁금했다.

궁금증은 수련원 운동장 한쪽에 있는 햇님이 집에 가자마자 풀렸다. 햇님이는 2018년 11월 태어났는데, 햇님이 부모가 바로 2018년 9월 남북 정상 회담 직후 김정은 국무위원장이 문재인 대통령에게 선물한 풍산개 곰이(엄마), 송강(아빠)이었다. 당시 곰이와 송강의 거처를 두고 한창 논란

연평 평화 안보 수련원 식구 햇님.

중이었는데, 그 때문인지 순한 눈망울을 지닌 햇님이가 조금 딱해 보였다. 마지막 날 아침에는 햇님이 집 울타리를 넘어온 고양이가 햇님이 밥을 정말 야무지게, 밥그릇에 머리를 박고 뺏어 먹는 모습까지 보게 되어 딱한 마음이 더 커졌다. 빨리 햇님이를 다시 만나고 싶다.

서정우, 문광욱, 김치백, 배복철
S와 함께 수련원을 나서 섬 북동쪽 끝자락에 있는 망향 전망대로 향했다. 전망대 중앙에는 피란민들이 고향을 그리며 제사 지내는 망향비가 서 있었다. 안내판에는 날씨가 좋으

면 12시 방향 해주 시멘트 공장 연기까지 볼 수 있다고 적혀 있는데, 이날은 해무가 잔뜩 끼어 연평도 바로 앞에 있는 북한 섬 석도도 잘 보이지 않았다.

2010년 11월 23일 연평도 포격전의 상처는 연평도 곳곳에 새겨져 있지만, 그중에서도 가장 가슴 아픈 장소는 서정우 하사 모표 보존지 부근이 아닐까 싶다. 모표 보존지는 망향 전망대에서 1킬로미터 정도 떨어져 있다.

모표 보존지로 가는 길에 연평면 공설묘지 입구에 세워진 〈민간인 희생자 추모비〉에 먼저 들렀다. 12년 전 그날 민간인 김치백(당시 60세), 배복철(당시 59세)은 연평도 군부대 관사 신축 공사를 위해 섬에 들어와 있다가 바로 이 추모비 인근에서 포탄에 맞아 희생되었다. 추모비 앞에서 명복을 빈 뒤 모표 보존지로 다시 향하니 길가에 빨간색 깃발이 보였다. 12년 전 피폭 장소마다 꽂아 둔 빨간색 깃발을 답사 내내 섬 곳곳에서 볼 수 있었다.

그곳에서 조금 더 걸어가자 모표 보존지가 나타났다. 보존지 앞 바닥은 포격으로 패어 있었다. 제대를 한 달 앞둔 스물두 살 서정우 병장은 바로 이 자리에 떨어진 포탄 파편에 맞아 전사했다. 서정우의 해병대 모표(帽標)는 바로 옆 소나무에 날아가 박혔다. 서정우와 함께 있던 스물한 살 최주호 병장은 신장 및 장기 파열로 여섯 시간 넘는 대수술을 받고 겨우 목숨을 건졌다. 비슷한 시간 해병대 진지에서는 포탄을 나르던 스무 살 문광욱 일병이 북한이 쏜 포탄 파편에 맞고 전사했다. 이후 해병대는 묘표 주변에 플라스틱 덮개를 씌우고 그 아래에 동판과 안내판을 설치해 이들의 희생을 기리고 있다. 잠시 묵념하며 젊디젊은 영혼들의 안식을, 그리고 다시는 이런 비극이 일어나지 않기를 기원했다.

다음으로 찾은 연평 평화 전망대는 경사면에 세워져 있어 지하 1층에서도 북쪽 바다를 볼 수 있다. 2020년 개관한 전망대 지하 1층에서는 연평도 부녀회가 운영하는 〈카페 아일랜드〉가 영업 중이었다. 첫째 날과 둘째 날 모두 점심을 먹고 이곳에서 커피를 마셨는데, 특히 둘째 날은 일요일이라서 그런지 해병대 장병들과 육지에서 그들을 만나러 온 친구들로 그리 넓지 않은 카페가 가득 찼다. 카페 벽면에는 우정과 격려의 메시지가 적힌 포스트잇이 빈틈없이 붙어 있었다. 〈서정우, 문광욱에게도 친구들이 찾아왔겠지.〉 두 시간 뱃길을 달려 찾아온 벗들과 연평도 어디선가 우정을 나누던 두 사람의 모습을 상상하니 다시 마음이 아려 왔다.

전망대 1층 전시관에서는 연평도 특산물, 인물, 관광지, 생태 등을 알려 주고, 제1연평해전부터 연평도 포격전까지

고(故) 서정우 하사 모표 보존지.

〈카페 아일랜드〉 벽에 가득한 우정과 격려의 메시지.

연평도가 겪은 전쟁, 포격전 이후 연평도를 〈평화 공감의 섬〉으로 만들기 위한 섬 사람들의 노력 등을 소개하고 있었다. 상처를 치유하고 평화로운 미래를 만들어 가려는 연평도 사람들의 마음이 잘 전달되는 감동적인 공간이었다.

전망대 2층에는 망원경과 연평도 해역 축소 모형 등이 있었다. 2층으로 올라가면서 S는 마을 뒷산을 먼저 보라고 했다. 2층 난간에서 마을 뒷산을 보자마자 비무장지대DMZ가 생각났다. S는 마을 뒷산에 예전부터 교통호(참호와 참호 사이를 안전하게 다닐 수 있게 파놓은 구덩이)가 있었는데, 포격전 이후 교통호를 콘크리트 구조물로 덮었다고 알려

췄다. 군인들의 안전을 위한 조치였을 것이다. 콘크리트 교통호를 가로지르며 철책까지 세워져 있는 모습이, 꼭 분단된 한반도의 축소판 같다는 생각이 들었다.

전망대에 머무는 동안 짙은 해무가 끼고 세찬 비까지 내려 북녘 조망은 다음 날로 미루고 늦은 오후에 수련원으로 돌아왔다. 그런데 S가 저녁 먹기 전에 마지막으로 갈 곳이 있다며, 수련원 뒷산으로 안내했다. 산책로를 따라 오르니 정상에 〈해송정〉이라는 이름의 정자가 있었다. 정자에서 보이는 소나무들의 키가 고만고만하다고 생각하고 있는데, S가 이 산도 12년 전 그날 포격으로 불탔다고 알려 줬다.

그 얘기를 듣자마자 이 산과 붙어 있는 수련원 건물, 그러니까 12년 전에는 연평도 중·고등학생들이 오후 수업을 하고 있던 그 건물이 포격을 피했다는 사실에 먼저 감사했다(S의 고등학생 딸도 뒷산으로 포탄이 날아오자 학교 운동장 한쪽에 있는 대피소로 안경도 챙기지 못한 채 피했다고 한다). 더불어 정자 주변 소나무 키가 왜 비슷한지도 이해할 수 있었다. 피폭 이후 조림 과정에서 키가 비슷한 동갑내기 소나무들을 가져다 심었기 때문이다. 수련원 뒷산 곳곳에는 그때 불탄 소나무가 지금도 남아 있었다.

이처럼 수련원 뒷산은 연평도가 겪은 전쟁의 공포, 치유를 위한 노력을 모두 품고 있는 장소이기에, 수련원을 찾을 경우 꼭 올라가 보길 추천한다. 나도 나중에 일행과 연평도에 다시 가면 수련원에 짐을 풀자마자 뒷산부터 가보자고 할 생각이다.

다시 찾아온 공포

답사 둘째 날 아침에는 바람이 적당히 불어 하늘이 맑게 개었다. 어제 못 본 북쪽 섬들도 눈에 밟히고, 오늘 돌아볼 곳도 많아 아침부터 부지런히 움직였다. 햇님이에게 아침 인사를 하고, 연평도에 하나뿐인 편의점에 가서 커피로 정신을 깨운 뒤 S를 만나 섬 남서쪽으로 출발했다.

섬 남서쪽 언덕 위에는 공원 두 곳과 역사관 한 곳이 가까이 붙어 있었다. 먼저 등대공원으로 올라가 등대를 봤다. 안내판을 읽어 보니 등대에는 남북 대결과 화해의 기억이 함께 담겨 있었다. 1963년 3월 처음 불을 밝힌 이후 조기잡이 배들의 안전을 지켜 주던 등대는 남북 간 군사적 긴장이 고조되면서 1974년 7월 소등됐다. 무려 45년간 잠자던 등대를 깨운 것은 남북 화해다. 2018년 4월 남북 정상 회담 이후 연평도 해역의 군사적 긴장이 완화되면서 2019년 5월 17일부터 다시 불을 밝힌 것이다. 〈평화의 상징〉 같은 등대가 다시 꺼지지 않았으면 좋겠다.

다음으로 조기 역사관을 찾았다. 등대 오른쪽으로 걸어 가서 절벽 위에 있는 팔작지붕 2층짜리 건물로 들어서니, 1층에 조기 역사관이 있었고 2층은 시야가 사방으로 뚫린 관광 전망대였다. 조기 역사관에서 연평 어장의 역사, 조기 잡이 어구, 조기 이동 경로, 연평도 파시 등에 대해 알아본 뒤, 관광 전망대로 올라갔다. 바로 이 전망대에서 보이는 바 다가 1999년 6월 15일(제1연평해전)과 2002년 6월 29일(제 2연평해전) 남북 해군이 충돌한 곳이다. 두 차례 해전의 희 생자를 기리는 평화공원을 이 근처에 조성한 것도 그 때문 이다.

평화공원으로 가기 전 조기 역사관 오른쪽 〈군(軍) 터널 관광 시설〉에 잠시 들렀다. 해병대가 사용하던 시설을 관광 용으로 개방한 곳인데, 조명이 설치된 계단을 내려가니 터 널 끝 지점에 〈전시용〉 해안포 한 기가 북녘을 향해 놓여 있 었다. 일제가 해안에 만든 동굴 진지만 몇 달째 보다가, 우 리 군이 만든 동굴 진지를 실물로 처음 본 셈이었다. 전자가 외세와 외세의 전쟁 시설이라면 후자는 동포와 동포의 전 쟁 시설이라는 생각이 들어 기분이 더 울적했다.

평화공원에 들어서자 〈연평해전 추모비〉가 가장 먼저 눈에 들어왔다. 추모비는 용치(용의 치아를 형상화한 해변 방어 시설) 25개를 세워 놓은 모습이었다. 용치 25개는 제2연평해전 희생자 25명(전사자 6명, 부상자 19명)을 상징한다. 전사자를 상징하는 용치와 부상자를 상징하는 용치의 크기와 재질을 달리한 게 이채로웠다. 추모비를 감싸듯 서 있는 〈추모의 벽〉에는 제2연평해전 전사자 윤영하, 한상국, 조천형, 황도현, 서후원, 박동혁의 흉상과 연평도 포격전 전사자 서정우, 문광욱의 흉상이 부조돼 있었다. 추모의 벽 앞에서 한 번, 추모의 벽에서 10미터쯤 아래 있는 〈연평도 포격전 전사자 위령탑〉 앞에서 또 한 번 젊은 넋들의 명복을 빌었다.

이틀 내내 전쟁의 상처가 짙게 새겨진 곳을 다니며 힘들어진 〈마음〉을 눈치챘는지, S는 점심 먹기 전에 안목어장을 구경하자며 선착장 쪽으로 차를 몰았다. 마을에서 선착장으로 가려면 연륙교를 건너야 하는데, 연륙교 옆 갯벌에서 한 어머니가 초겨울 바람을 맞으며 굴을 캐고 있었다. 차를 멈추고 다가가서 말을 거니 인천 사는 아들네 식당에 보낼 굴이라고 하셨다. 어머니가 직접 캔 굴을 단골에게만 내놓는 아들의 모습을 잠시 상상해 봤다.

연륙교를 건너자마자 직진하면 당섬 선착장이고, 오른쪽으로 빠져 새로 포장한 길을 따라가면 안목 선착장이 나타난다. 안목 어장은 안목 선착장과 모이도라는 작은 섬 사이에 있는데, 배를 타고 나가 물고기를 잡는 게 아니라, 간조에 바닥이 드러나면 미리 쳐놓은 그물에 잡힌 물고기를 거두는 어장이었다. 내가 갔을 때 마침 어부들이 한창 그물을 털며 물고기를 거두고 있었다. 물고기를 노리는 갈매기 울음소리마저 평온하게 들리는 어장에서 마음의 힘을 조금이나마 회복했다.

점심을 먹고 해병대 장병들과 친구들의 웃음소리가 가득한 카페 아일랜드에서 커피를 마신 뒤, 전날 못 본 북쪽 섬들을 보러 연평 평화 전망대 2층으로 올라갔다.

날씨가 맑아 3킬로미터 떨어진 석도가 손 뻗으면 닿을 듯 가까이 보였다. 석도 왼쪽으로는 김정은 국무위원장이 2012년 8월부터 여러 차례 시찰한 북한군 최전선 요새 장재도, 갈도, 무도가 나란히 있었다. 장재도와 무도 사이 육지 끝 지점이 개머리 해안이고, 바로 그곳 해안포 진지에서 12년 전 그날 포탄 170여 발이 연평도로 날아왔다.

연평도 사람들은 그날 이후 개머리 해안포 진지 입구가 열릴 때마다 두려움에 떨며 지냈다고 한다. 카페에서 만난 주민은 NLL을 타고 넘으며 조업하는 중국 어선들을 안 봤으면 하다가도, 진짜로 안 보이면 또다시 공포를 느낀다고 말했다. 중국 배가 바다에 없으면 북한군이 더 거침없이 포를 쏠지도 모른다는 것이 연평도 사람들의 복잡한 심경이었다.

다행히 남북 당국은 2018년 9월 19일 동·서해 완충 구역을 설정해 이곳으로의 포격을 중지하고, 해안포 진지 입구도 닫기로 합의했다. 하지만 이후에도 북한군이 개머리 해안포 진지 입구를 연 모습이 종종 관찰되면서 연평도 사람들의 불안은 가시지 않았고, 급기야 2022년 10월 14일 새벽부터 북한 포탄이 완충 구역에 다시 떨어지기 시작했다. 조업 나갔던 배들은 급히 항구로 돌아왔고, 주민들은 면사무소 경고 방송을 들으며 집에서 대기했다. 이틀 뒤 소연평도의 한 주민은 주민들이 피란 보따리를 싸놨다는 소식을 기자에게 알려 줬다. 10월 19일 낮에도 포성이 들리자, 조업하던 어선들이 잇따라 입항했고, 주민들은 또다시 집에서 경고 방송에 귀를 기울여야 했다.[62]

같은 시간 육지 사람들에게는 스쳐 지나가는 뉴스였을지

---

62 〈[르포] 북 해상 포격에 연평도 긴장 고조 … 《어제도 포성 들려》〉, 「연합뉴스」, 2022년 10월 16일(https://www.yna.co.kr/view/AKR20221016039400065?input=1179m); 〈연이은 북한 포 사격에 연평도 긴장 … 《2시간 동안 포성》〉, 「연합뉴스」, 2022년 10월 19일(https://www.yna.co.kr/view/AKR20221019115100065?input=1179m).

모르지만, 연평도 사람들은 포성을 들으며 12년 전 참상을 다시 떠올렸다. 그로부터 얼마 지나지 않은 11월 초 내가 만난 연평도 사람들은 한목소리로 부탁했다. 섬에서 나가면 육지 사람들에게 자신들이 느끼는 불안과 공포를 꼭 좀 전해 달라고. 독자들에게도 그들의 불안과 공포가 조금이나마 전달되기를 염원한다. 나의 부족함 탓에 그들의 부탁을 제대로 들어주지 못한다면, 다시 연평도에 갈 때 많이 미안할 것 같다.

연평도에 가야 하는 이유

이틀 연속으로 가다 보니 어느새 정든 연평 평화 전망대를 떠나, 포격전 이후 신축한 1호 대피호로 향했다. 육중한 철문을 열고 들어선 대피호 입구에는 실내화가 가지런히 정리돼 있었고, 발전 시설, 비상 진료소, 보온·급수·취사 시설 등이 잘 갖춰져 있었다. 9월 교동도에서 본 방공호와는 비교도 안 될 정도로 넓고, 외벽 콘크리트 두께가 무려 50센티미터나 되는 대피호를 보며, 12년 전 연평도 사람들이 받은 충격과 공포를 다시 한번 생각했다. 연평도에는 현재 총 8개(대연평도 7개, 소연평도 1개)의 대피호가 있다고 한다. 〈대피 공간이 어느 정도 잘 갖춰져 있지만, 실제로 이용할

연평도 1호 대피호 내부.

상황은 없었으면 좋겠다〉는 주민의 바람이[63] 영원히 실현되기를 기원한다.

연평도 답사 마지막 장소는 연평도 안보 교육장이었다. 옹진군에 따르면 포격전 때 무허가 건물을 포함해 총 54동이 피폭됐다. 안보 교육장에는 피폭당한 민가 세 채가 나란히 보존돼 있었다. 단, 길에서 보이는 쪽은 연평도 사람들의 트라우마를 고려해 불투명 플라스틱 패널로 가려져 있

63 〈남북 긴장 속 연평도 1호 대피소 …《이용할 상황 없어야》〉, 「연합뉴스」, 2022년 6월 18일(https://www.yna.co.kr/view/AKR2020061813 0900065).

연평도 안보 교육장에 보존된 피폭 민가.

었다. 불타고 무너진 벽체와 지붕, 건물 잔해 사이로 보이는
장독, 가스통, 그릇, 뼈대만 남은 사륜차와 자전거 등이 그
날의 충격과 공포를 고스란히 전해 주었다. S는 피폭 당시
천만다행으로 집들이 비어 있었고, 특히 가운데 집 아저씨
는 피폭 직전 아들에게 체육복을 가져다주러 나간 덕분에
목숨을 건졌다는 얘기를 들려줬다.

　민가 보존 구역 바로 옆에 2층짜리 교육관이 있다. 교육
관 1층 입구에도 피폭 건물 잔해물이 전시돼 있었다. 1층에
서는 포격으로 구멍 뚫린 면사무소 창고 천장, 깨진 방송용
스피커, 해병대 위령비, 서정우와 문광욱의 이름표가 달린

군복 같은 몇 가지 상징을 통해 그날의 참상과 해병대의 희생을 보여 줬다. 포격전 상황을 시간대별로 재현한 영상도 있고, NLL 인근 남북 군사 충돌을 정리한 패널, 피폭 민가에서 수거한 생필품, 연평도로 날아온 122밀리미터 방사포탄 등이 전시된 2층까지 천천히 돌아보며 연평도 답사를 마무리했다.

한반도에서 전쟁이 지속되고 있다는 사실을, 그리고 끝나지 않은 전쟁이 사람들에게 얼마나 깊은 상처를 남기고 있는지 이처럼 구체적으로 깨닫게 해주는 섬이 또 있을까? 평화를 위한 실천 의지를 어느 곳보다 크게 키워 주는 연평도에 더 많은 사람이 찾아오길 바라며, 햇님이가 기다리는 수련원으로 돌아왔다. 반년 동안 이어 온 섬 답사로 몸도 마음도 제법 지친 나는 수련원에서 전날 밤과 달리 단잠을 잤다.

에필로그

교동도 망향대에서 난정마을로 가다가 본 하늘은 말로 표현할 수 없을 만큼 맑고 고요했다. 거문도에서 잘 때는 밤새 숙소 창틀을 흔드는 세찬 바람 소리에 시달렸다. 섬에서 만나는 맑은 날씨는 육지에서보다 더 설레게 하고, 섬에서 만나는 궂은 날씨는 육지에서 만날 때보다 더 두렵게 하는 것 같았다.

섬 사람들이 만난 전쟁도 그렇지 않았을까? 좀처럼 피할 곳을 찾기 힘든 그곳으로 전쟁이 찾아왔을 때 섬 사람들이 느낀 공포는, 어디라도 피란할 수 있는 육지 사람들의 공포보다 더 컸을 것이다.

19세기 후반에는 외세가 조선의 문을 열겠다고 몰려오면서 강화도, 영종도, 월미도 같은 서해의 섬들이 전쟁터가 됐고, 20세기 초반에는 대륙과 해양을 모두 장악하려 한 일제의 야심 탓에 가덕도, 지심도, 돌산도, 거문도, 제주도 같은 남해의 섬들이 전쟁에 휘말렸다.

20세기 후반에도 전쟁은 섬으로 가는 걸음을 멈추지 않았다. 해방 전에는 외세와 외세가 주로 남해의 섬을 무대 삼아 싸우더니, 해방되고 몇 년 뒤부터는 동포와 동포가 다시 강화도, 교동도, 연평도 같은 서해의 섬을 무대 삼아 싸우는 중이다.

그렇기에 섬이 평화를 열망하는 것은 자연스럽다. 나의 섬 답사는 섬으로 간 전쟁의 상처를 확인하는 여정이자 섬의 평화 열망을 만나는 여정이었다. 혼자 다닌 답사는 장소가 들려주는 이야기에 온전히 몰두할 수 있어 좋았고, 둘이나 여럿이 다닌 답사는 외롭지 않은 데다 길벗들에게 가르침을 얻을 수 있어 좋았다. 한마디로 답사 내내 모든 날이 좋았다.

낯선 섬에서 다치거나 헤매지 않고 무사히 답사를 마칠 수 있게 이끌어 준 주철희 소장, 거문도 해설사 M, 국립소록도병원의 P와 J, 연평 평화 안보 수련원의 S에게 특별한 감사를 드린다. 그들은 섬과 나를 이어 준 든든한 다리였다.

지은이 **김진환** 대학에서 법학을 공부했고, 대학원에서는 역사사회학을 전공했다. 건국대학교 통일인문학연구단 HK연구교수를 거쳐 국립통일교육원 교수로 재직 중이다. 북한사회의 역사, 구조, 이데올로기 등을 주로 탐구하고, 인문학이 한반도 평화와 통일에 주는 교훈을 찾는 데 관심이 많다. 최근에는 대한민국 곳곳을 돌아다니며 다양한 장소와 시설을 평화·통일의 시각에서 읽는 데 주력하고 있다. 『북한위기론: 신화와 냉소를 넘어』, 『동북아시아 열국지 1: 북·미 핵공방의 기원과 전개』, 『동북아시아 열국지 2: 팍스 아메리카나의 뒤안길』, 『대한민국 평화기행』(공저) 등을 썼다.

섬으로 간 전쟁,
섬에서 만난 평화

발행일   **2023년 3월 10일 초판 1쇄**

지은이   **김진환**
발행인   **홍예빈·홍유진**
발행처   **주식회사 열린책들**

경기도 파주시 문발로 253 파주출판도시
전화 031-955-4000   팩스 031-955-4004
www.openbooks.co.kr